color text page

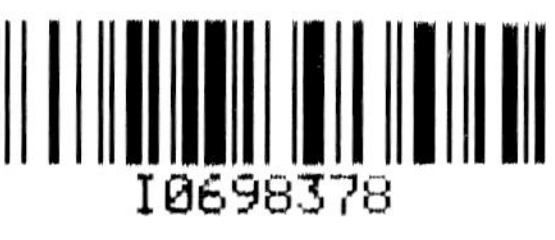

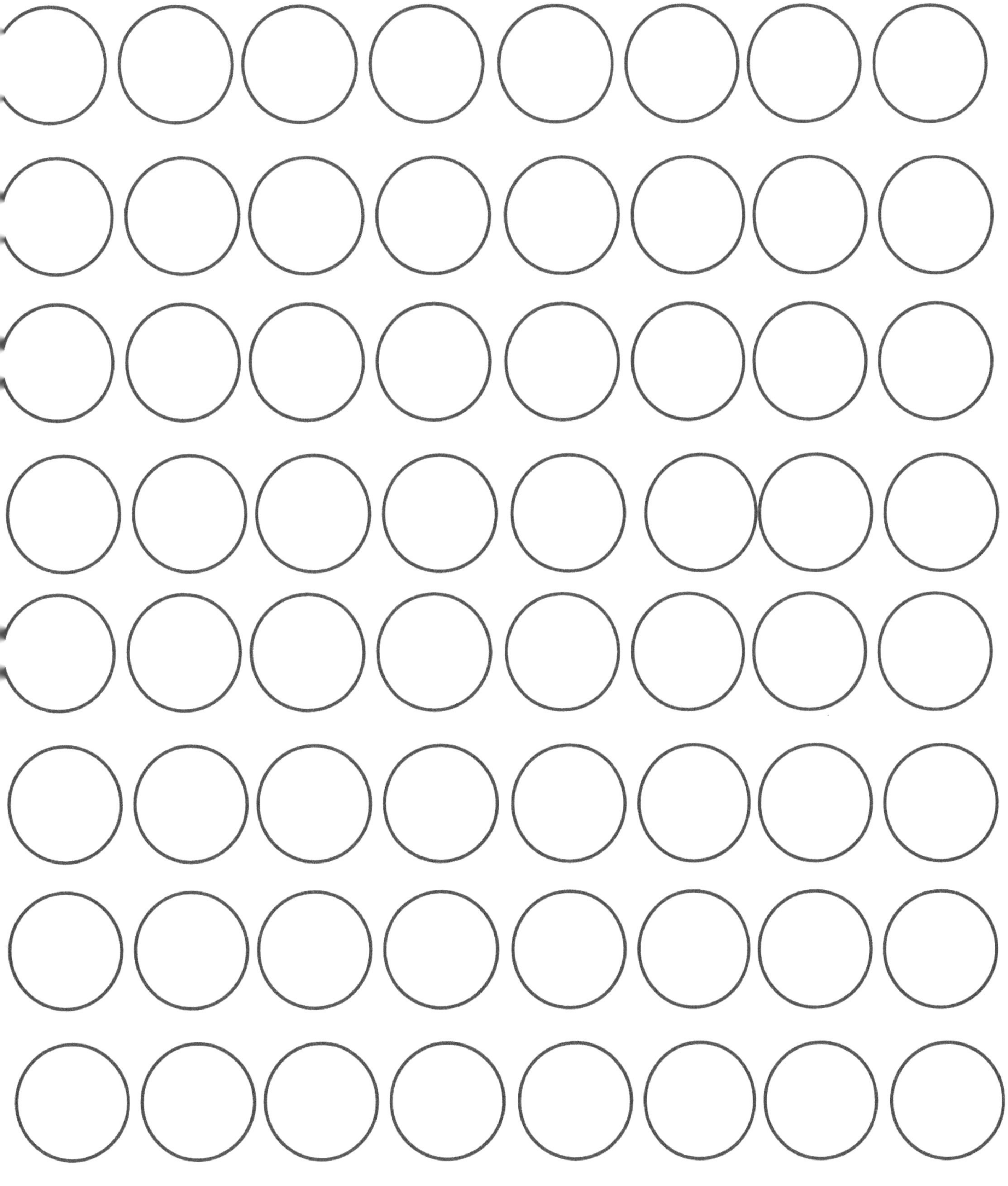

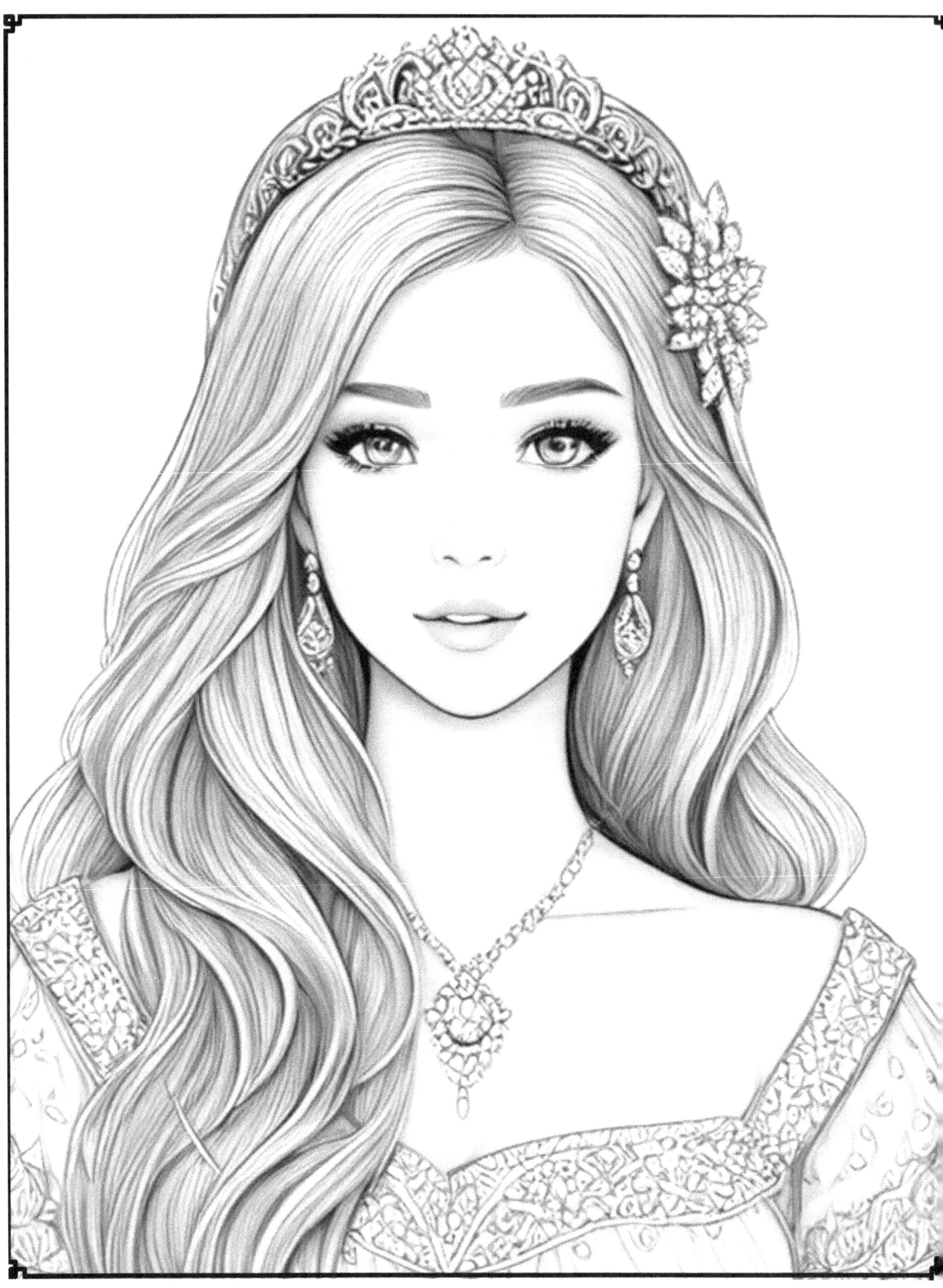

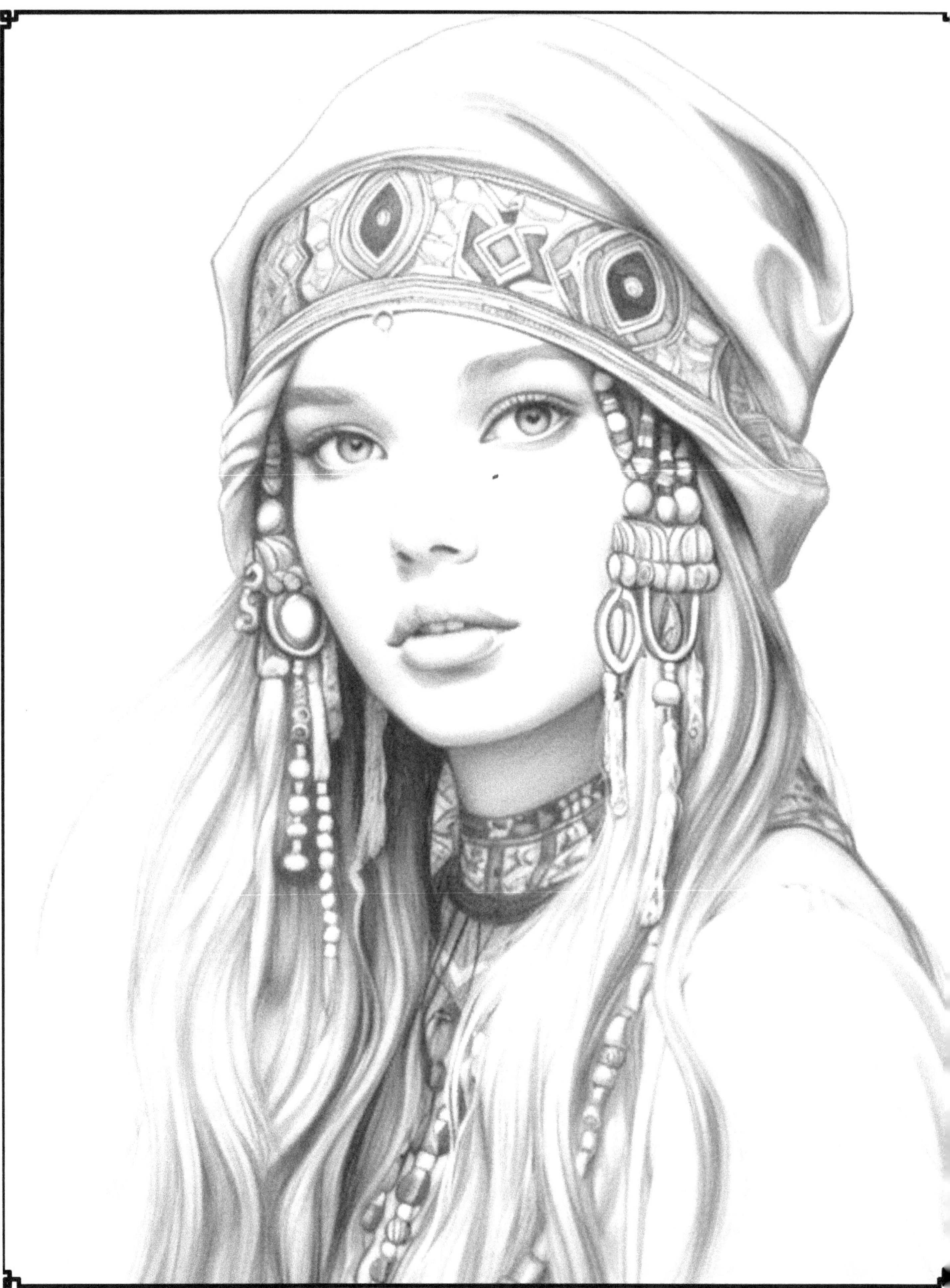

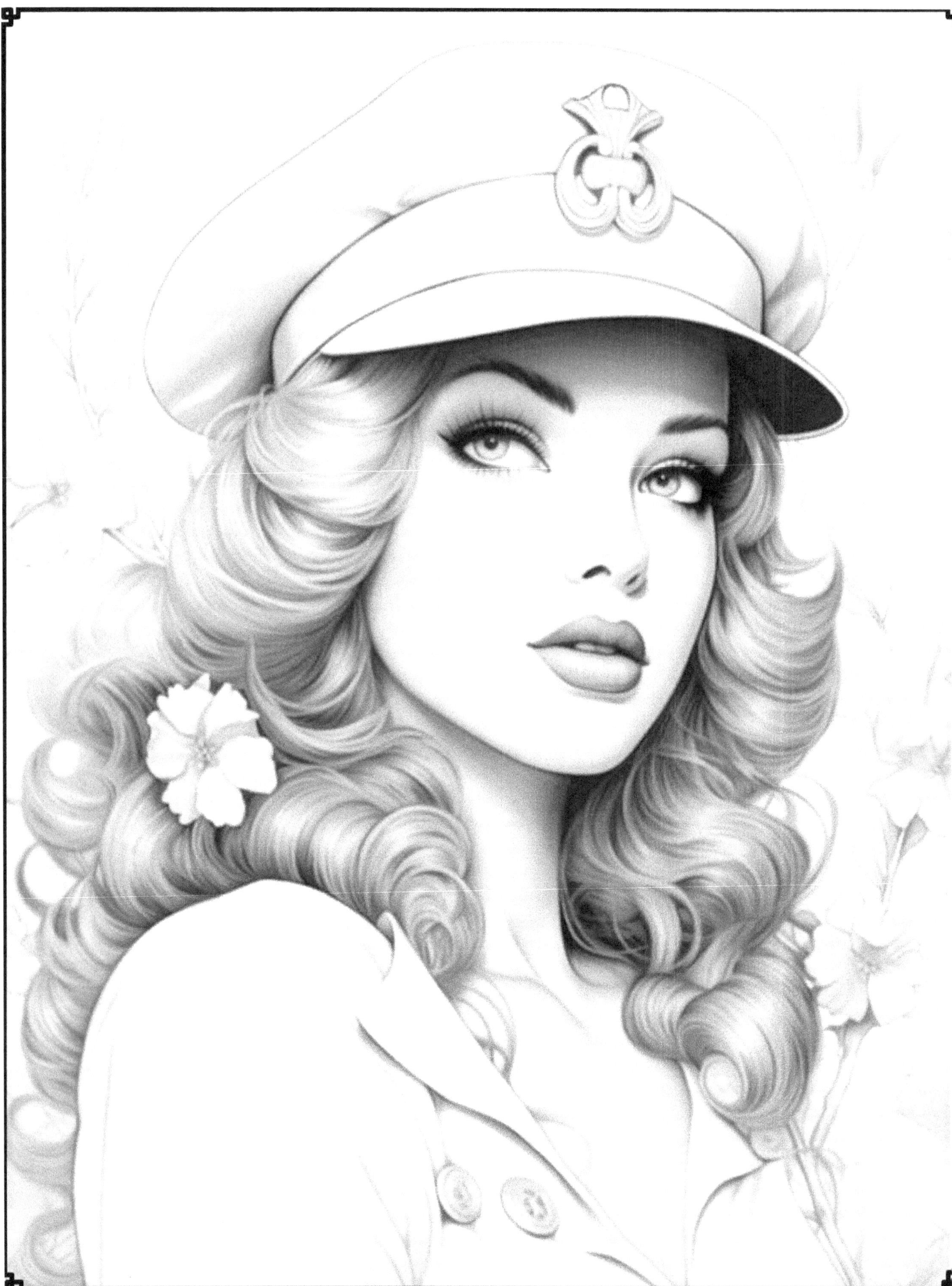

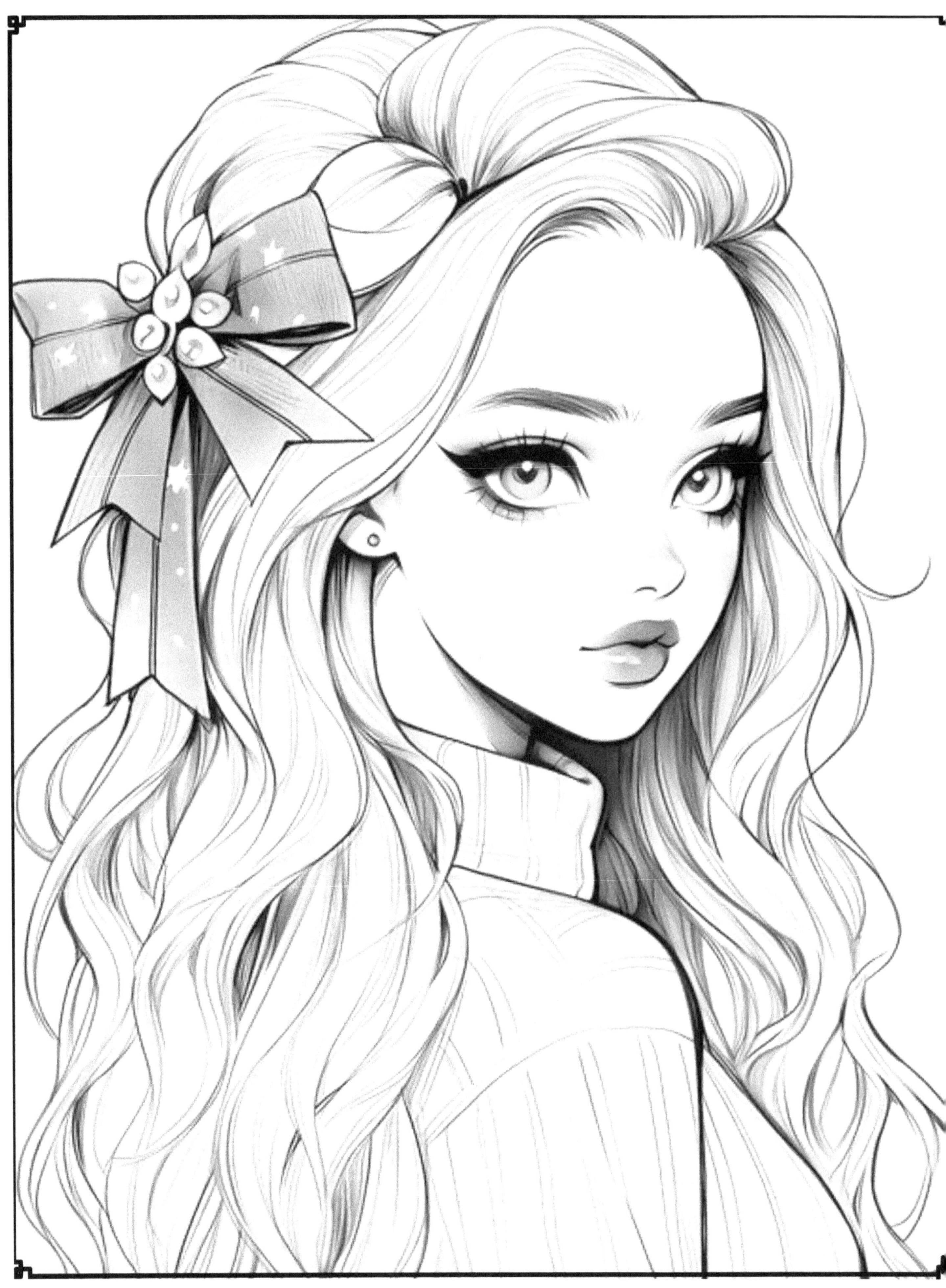

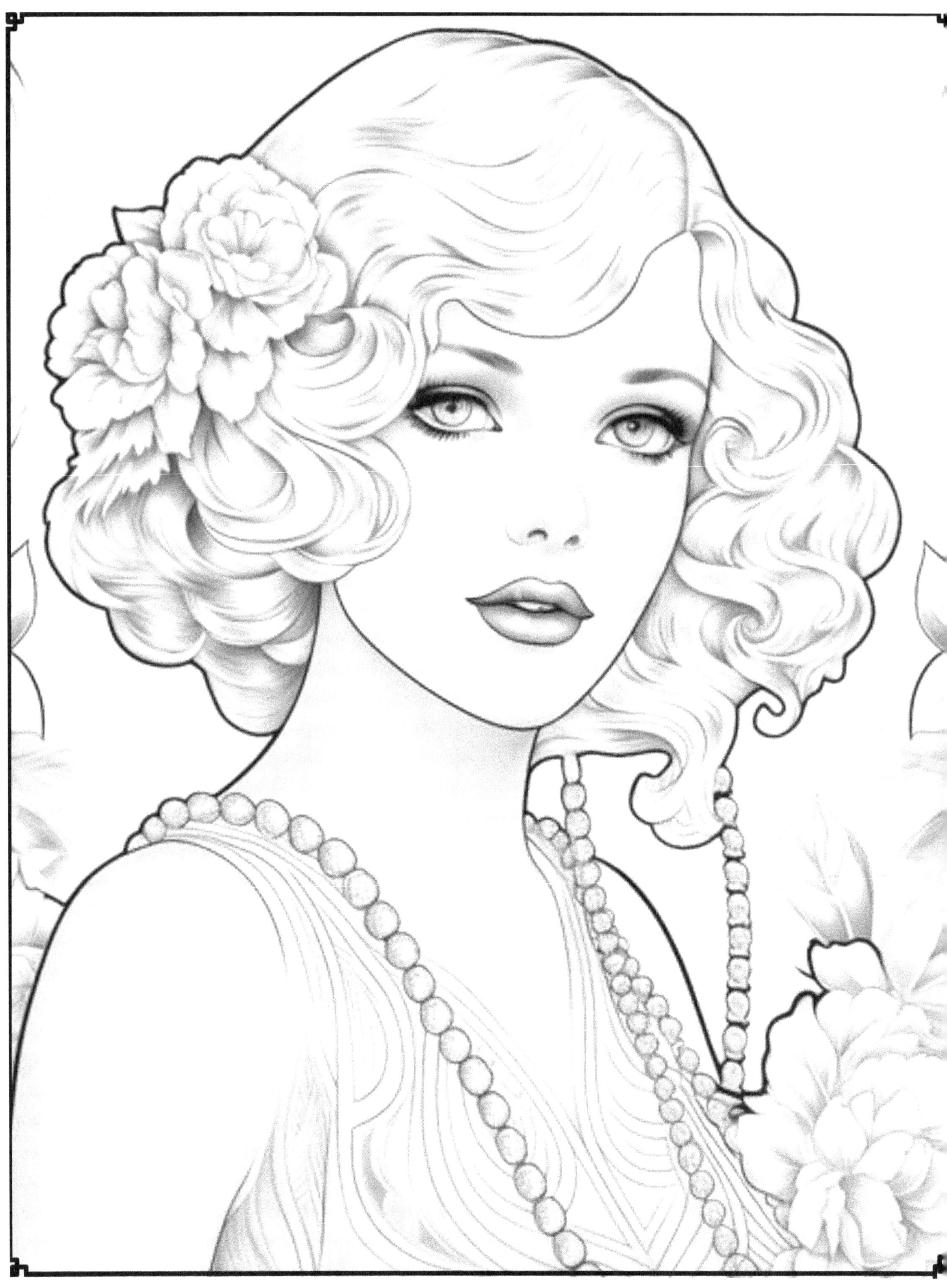

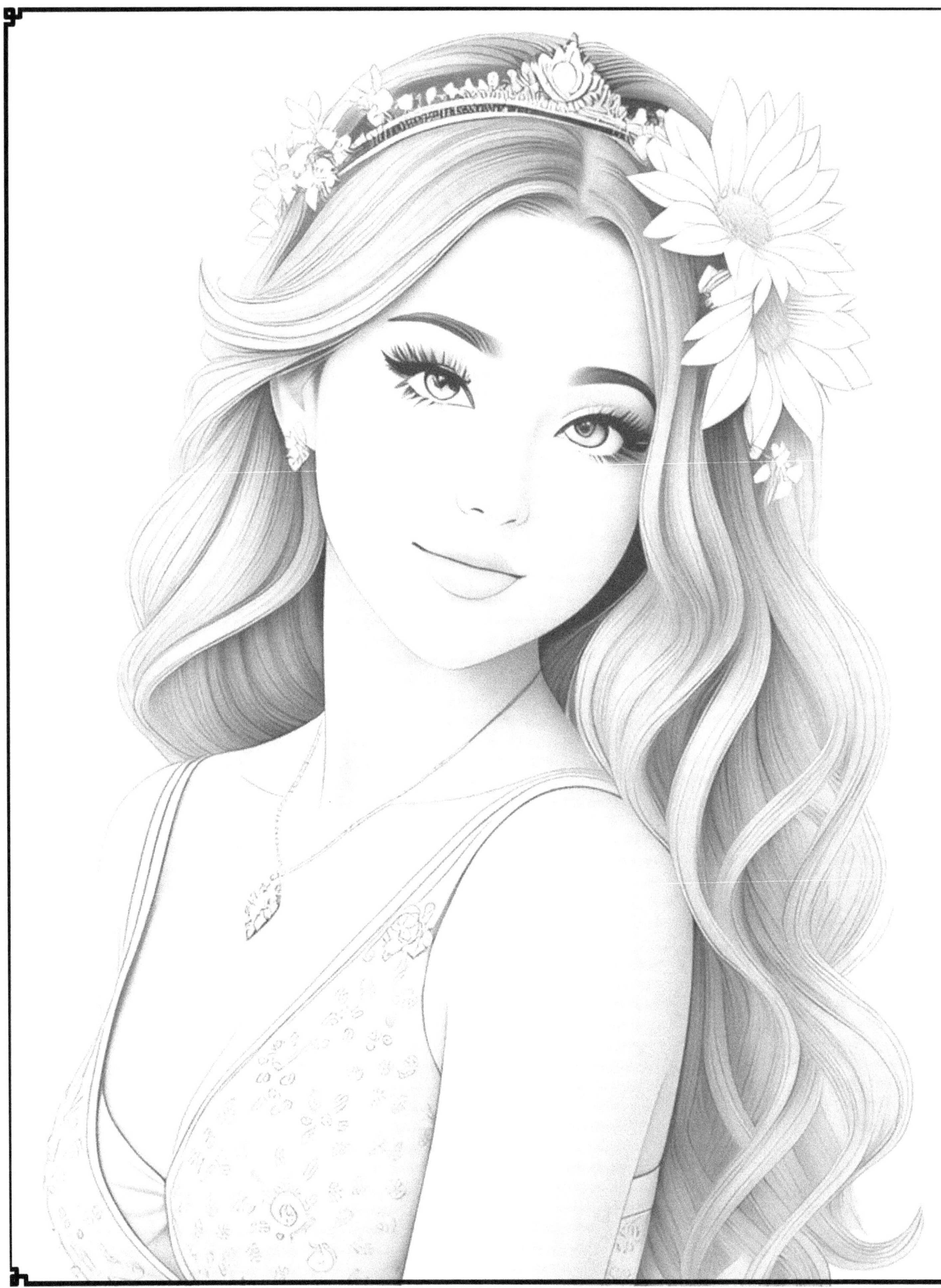

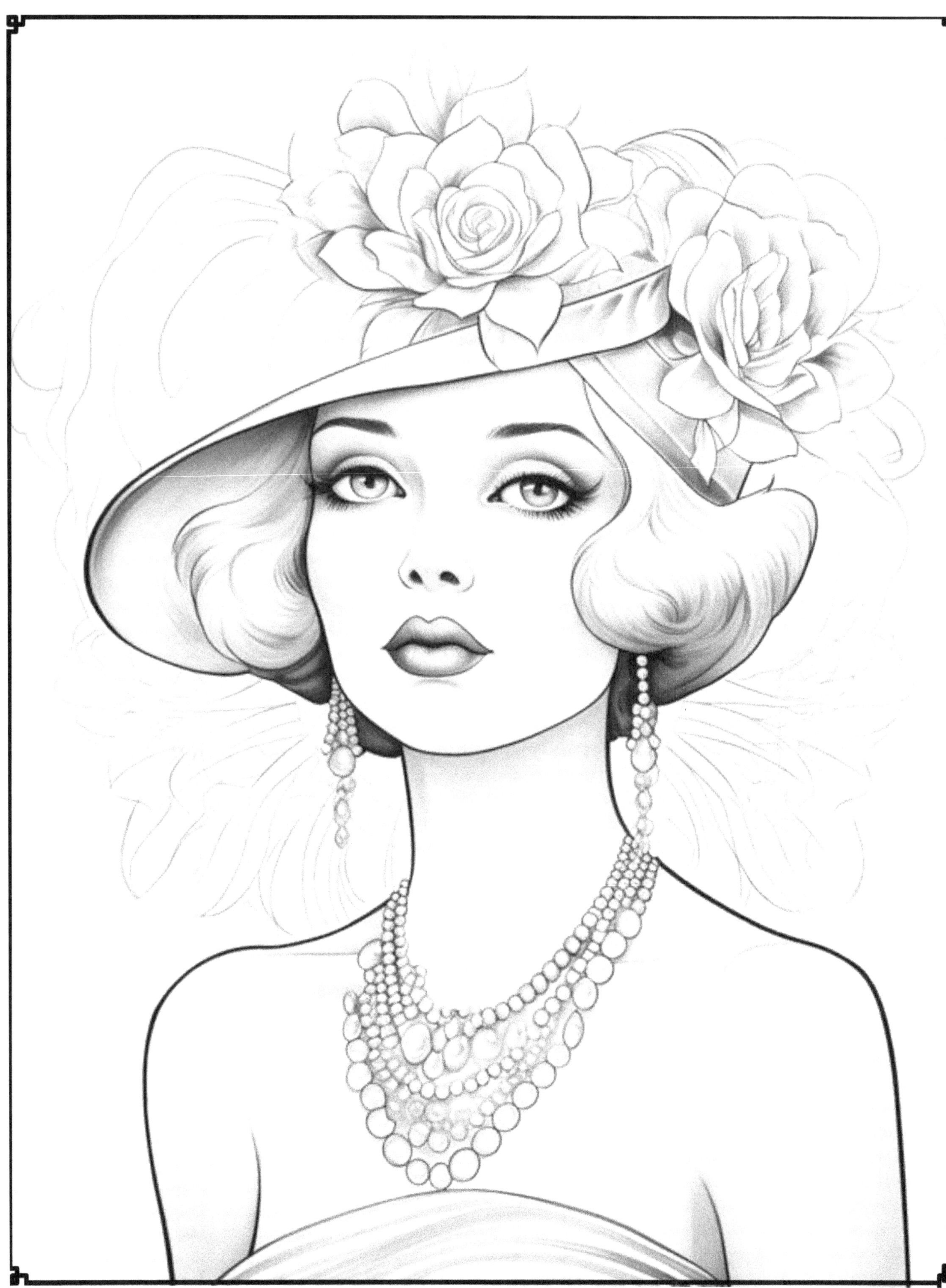

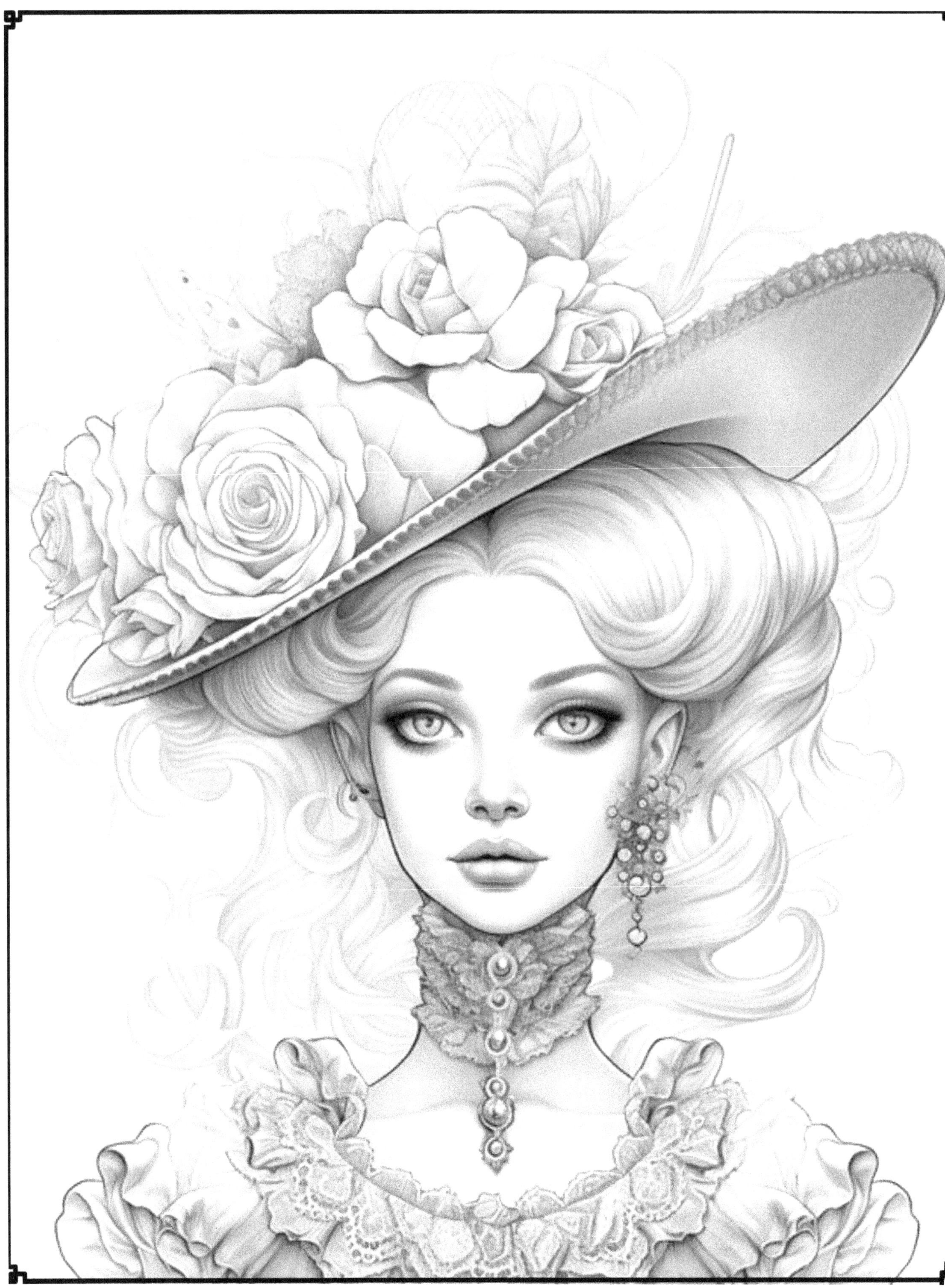

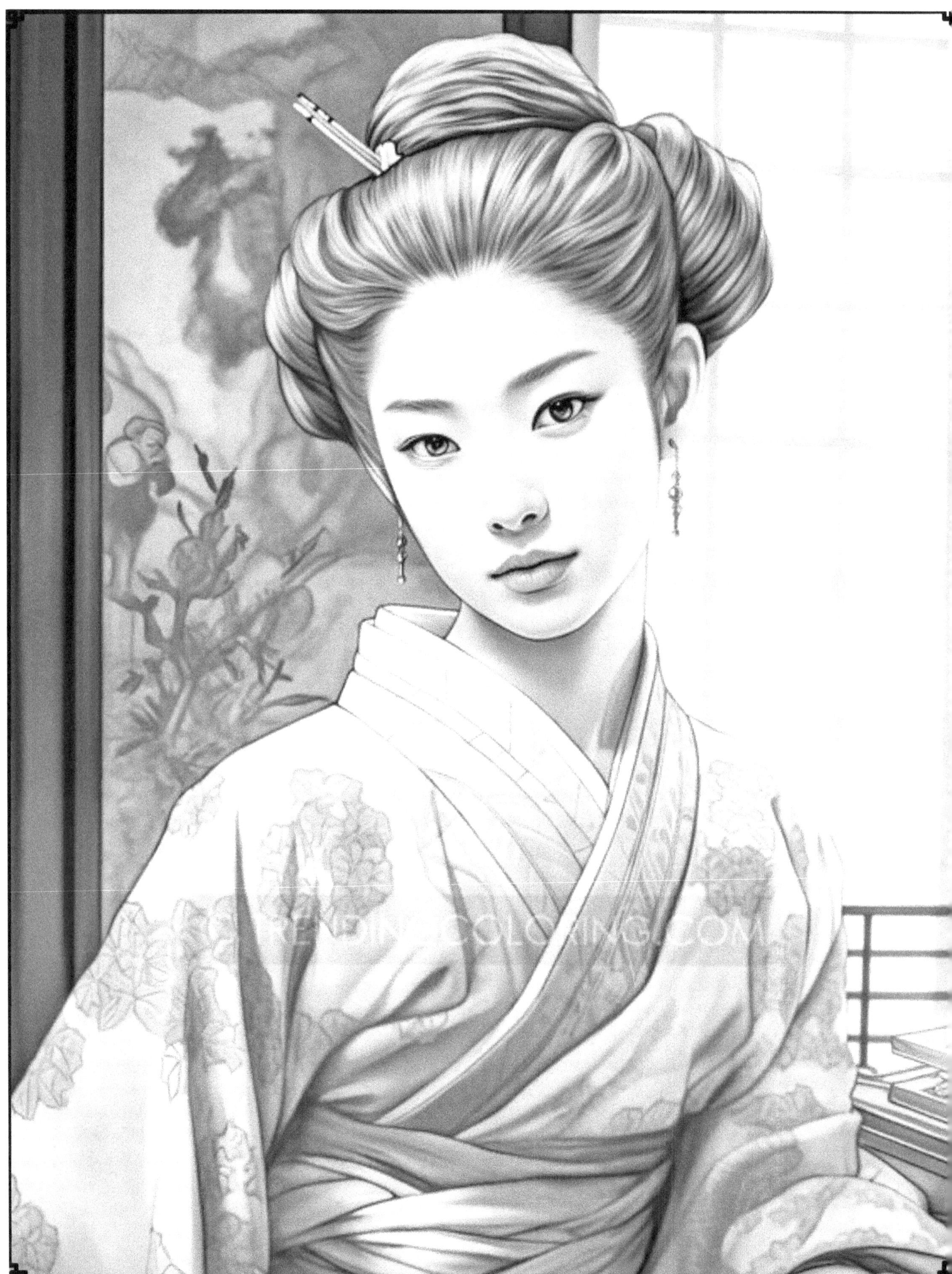

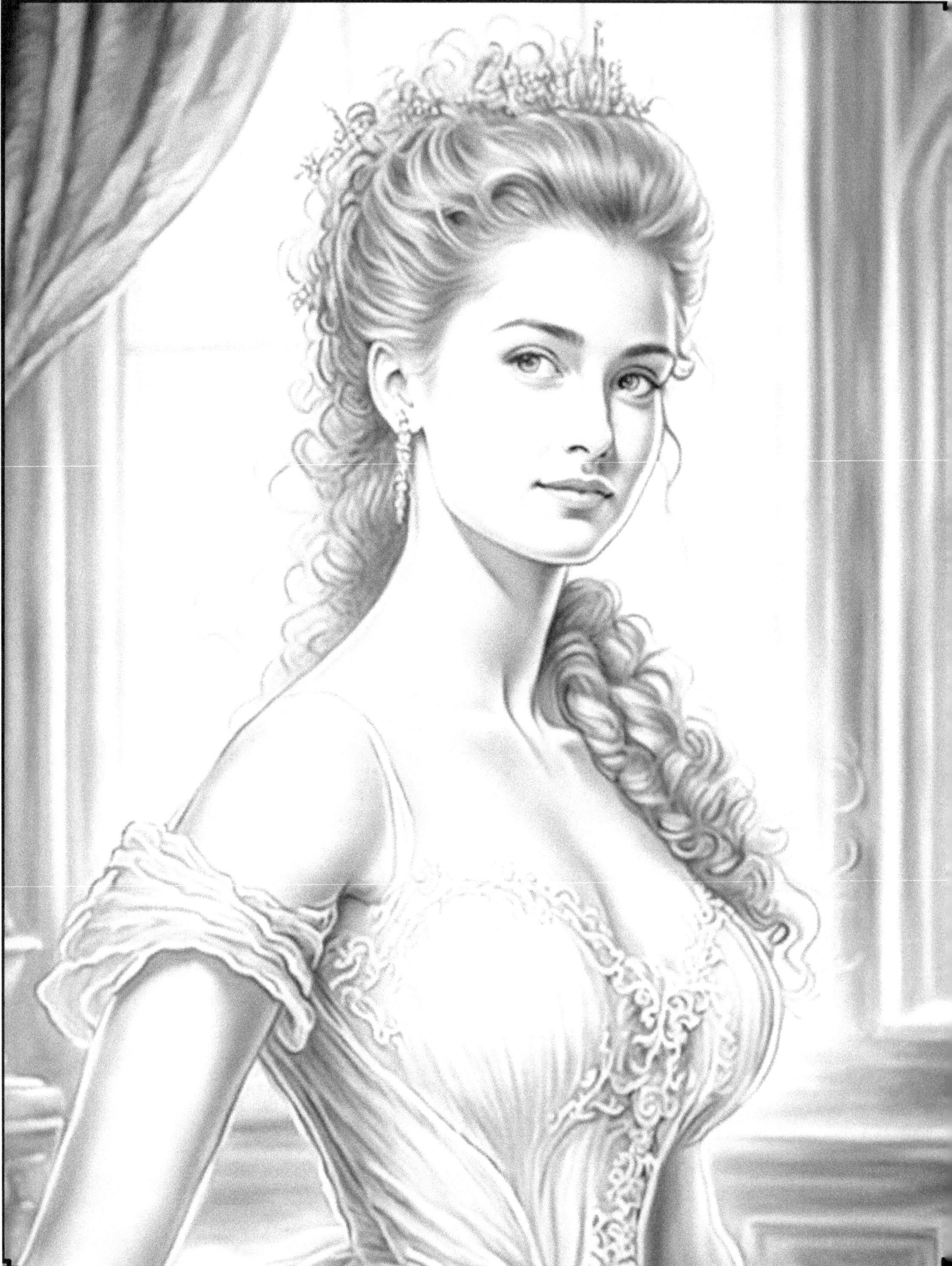

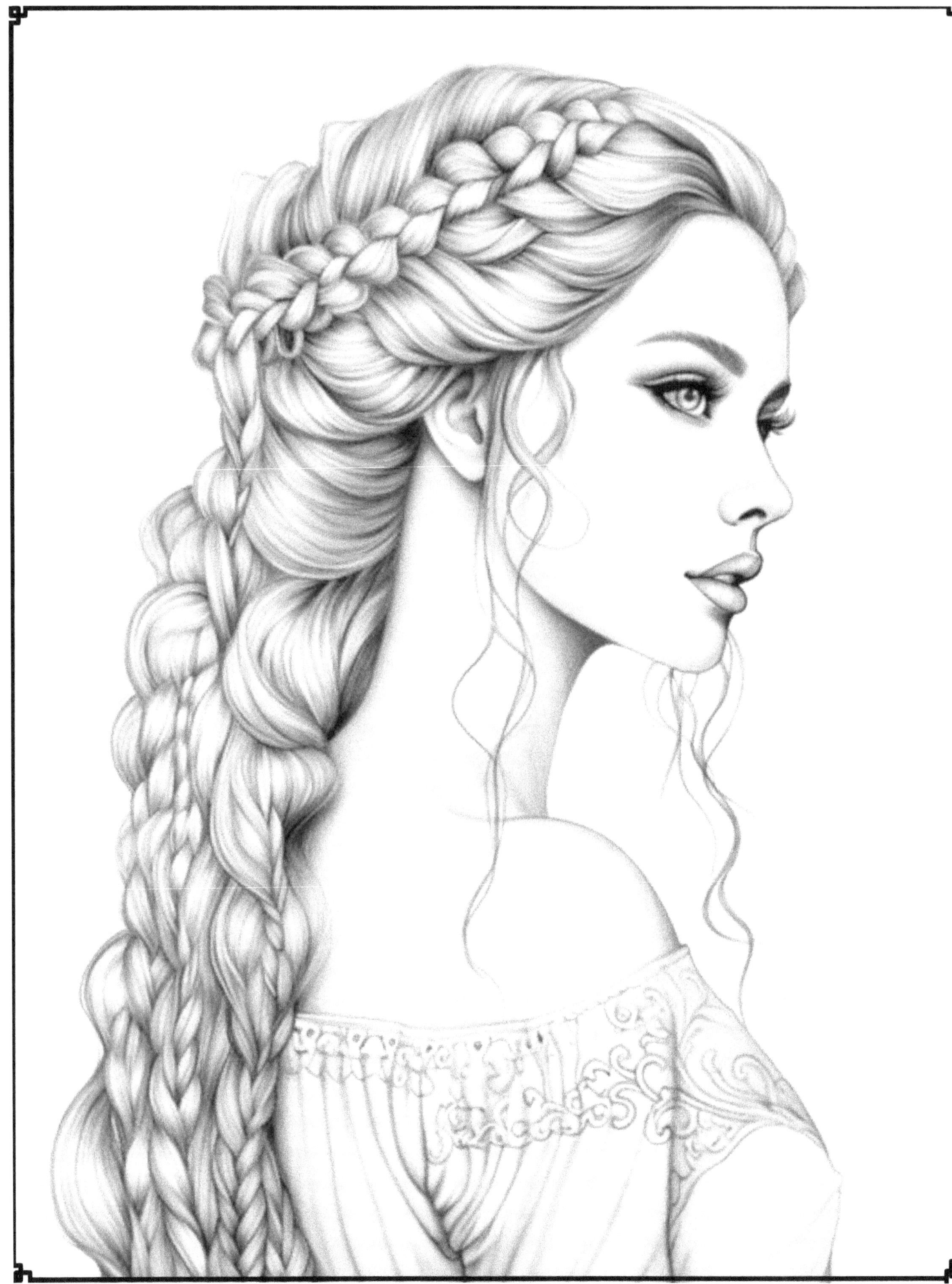

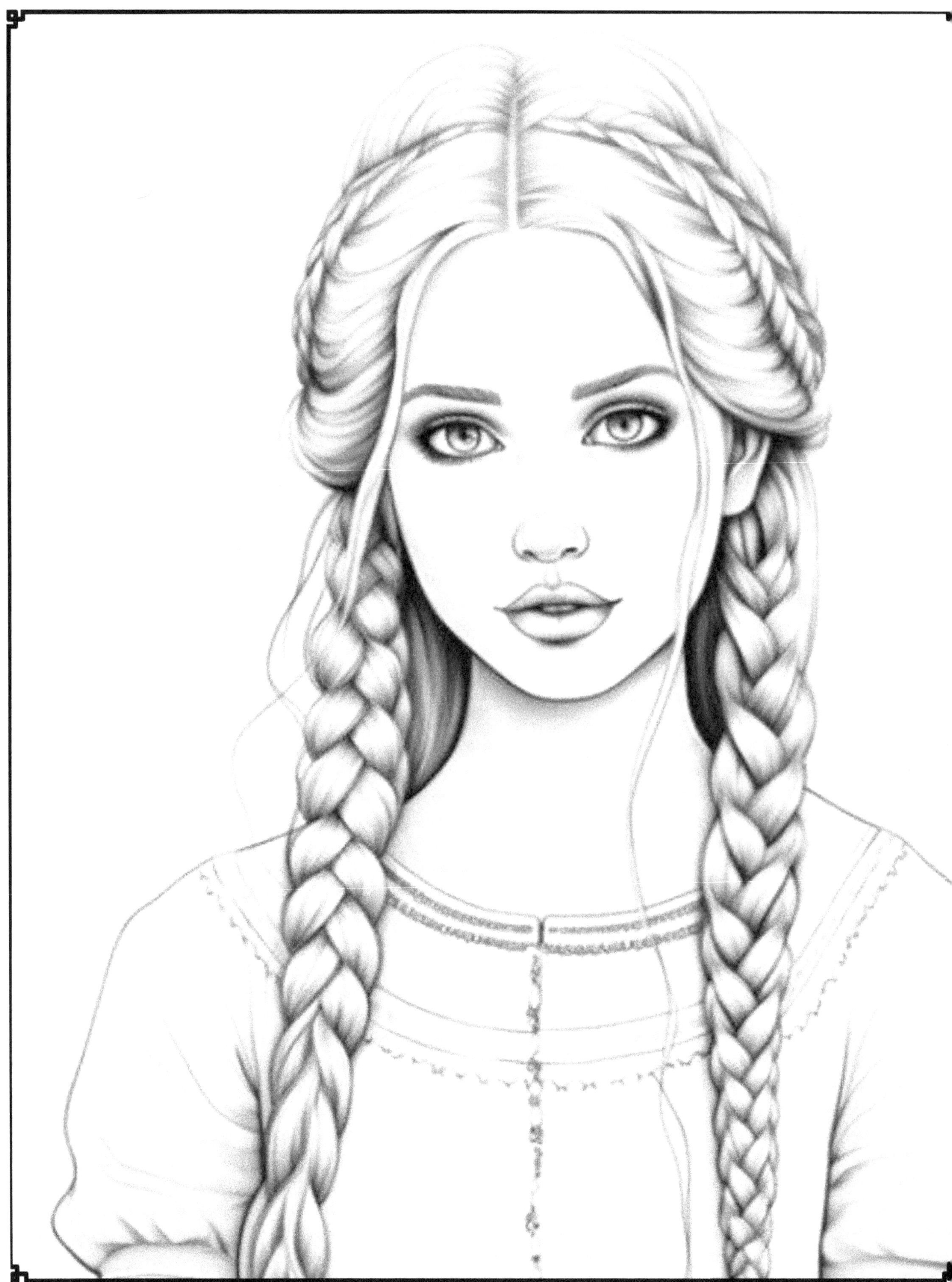

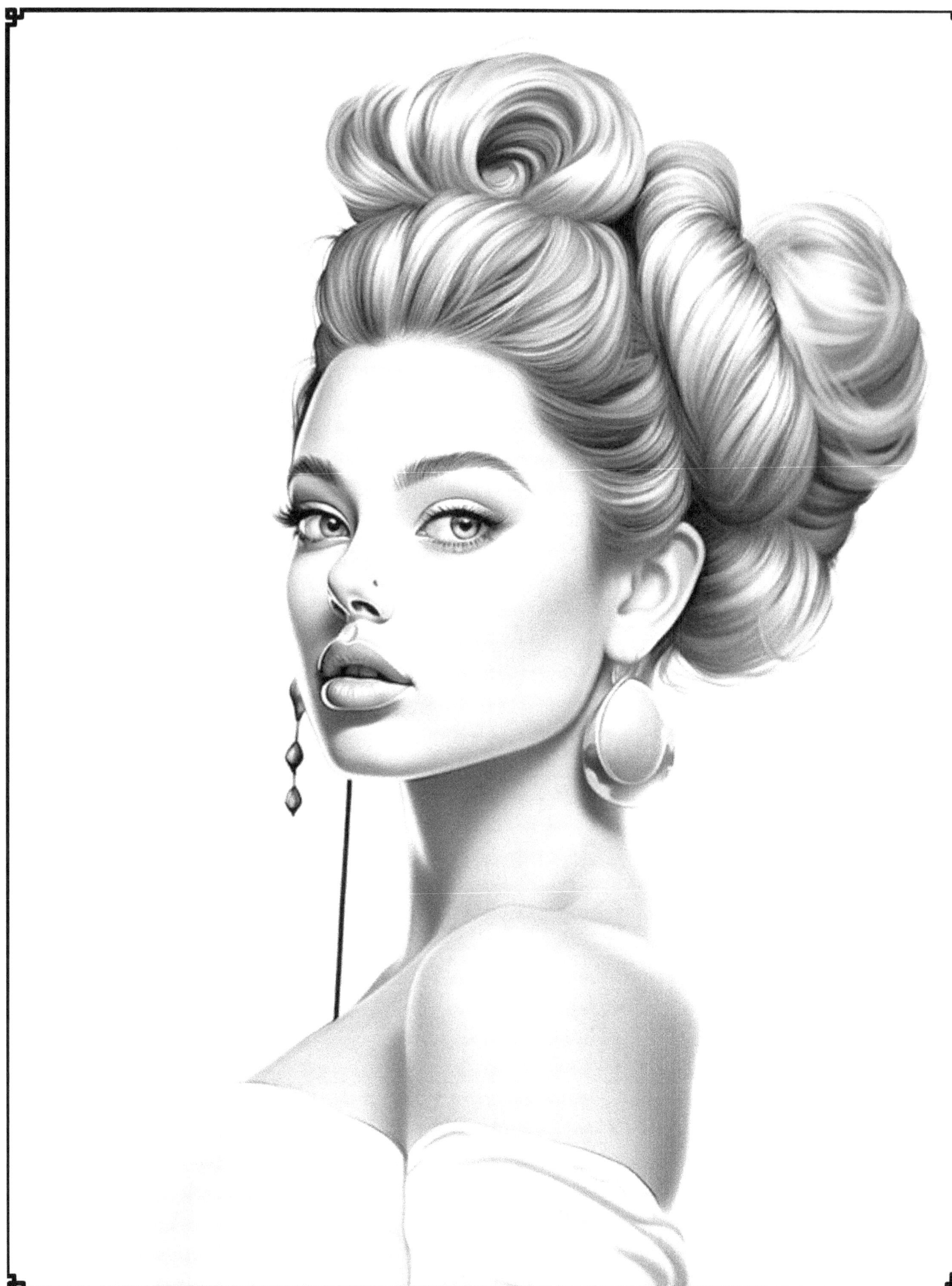

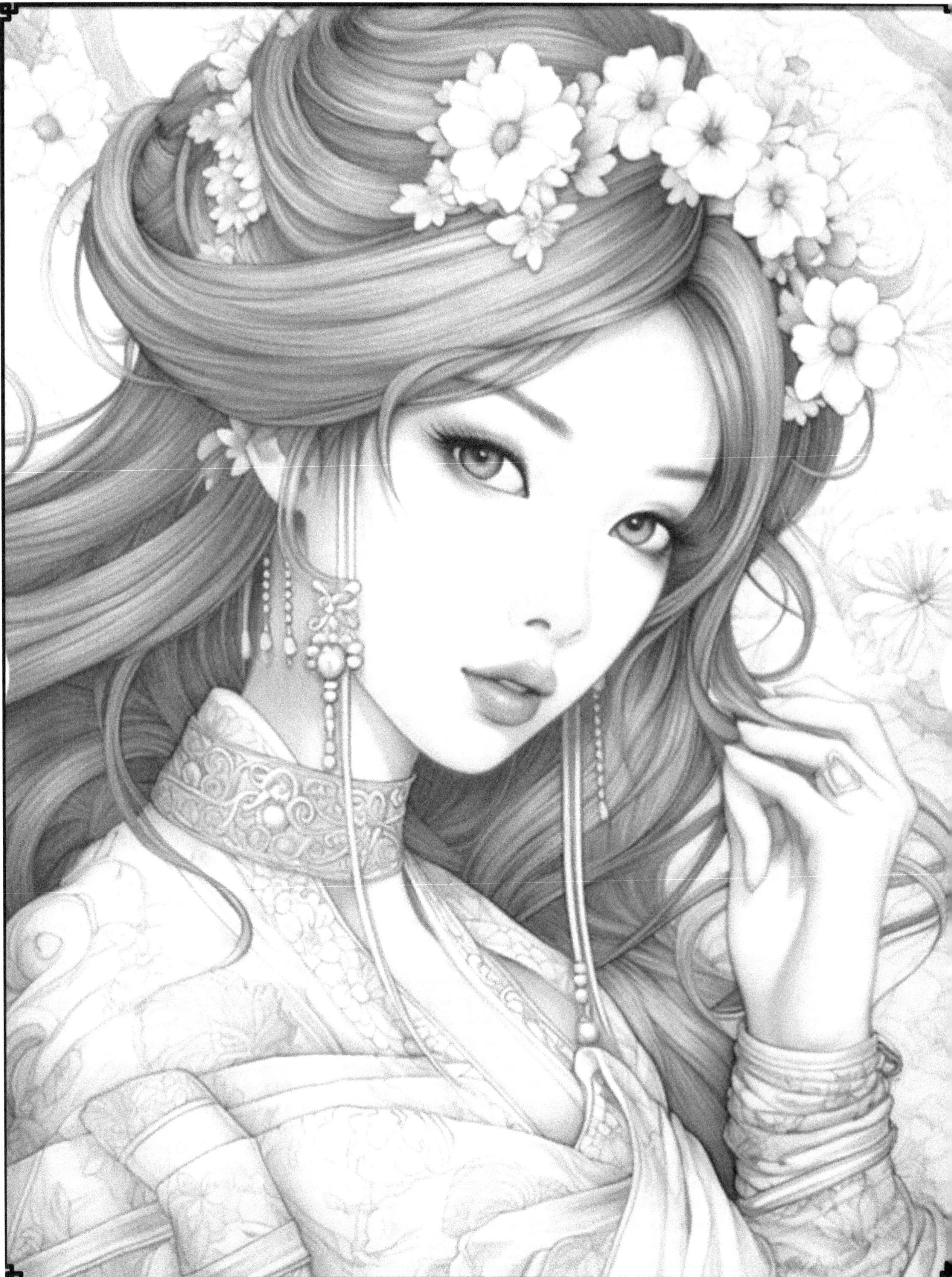

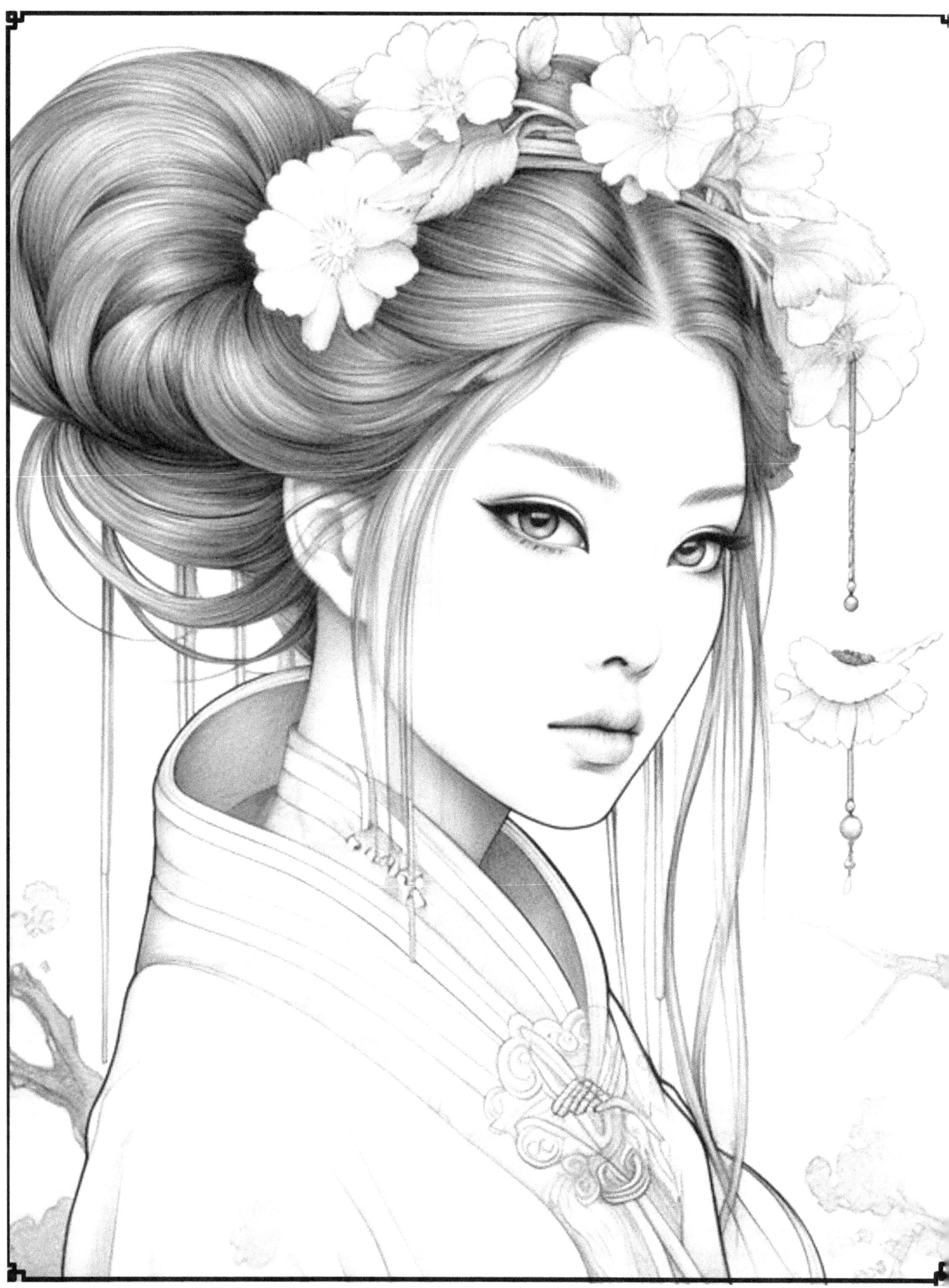

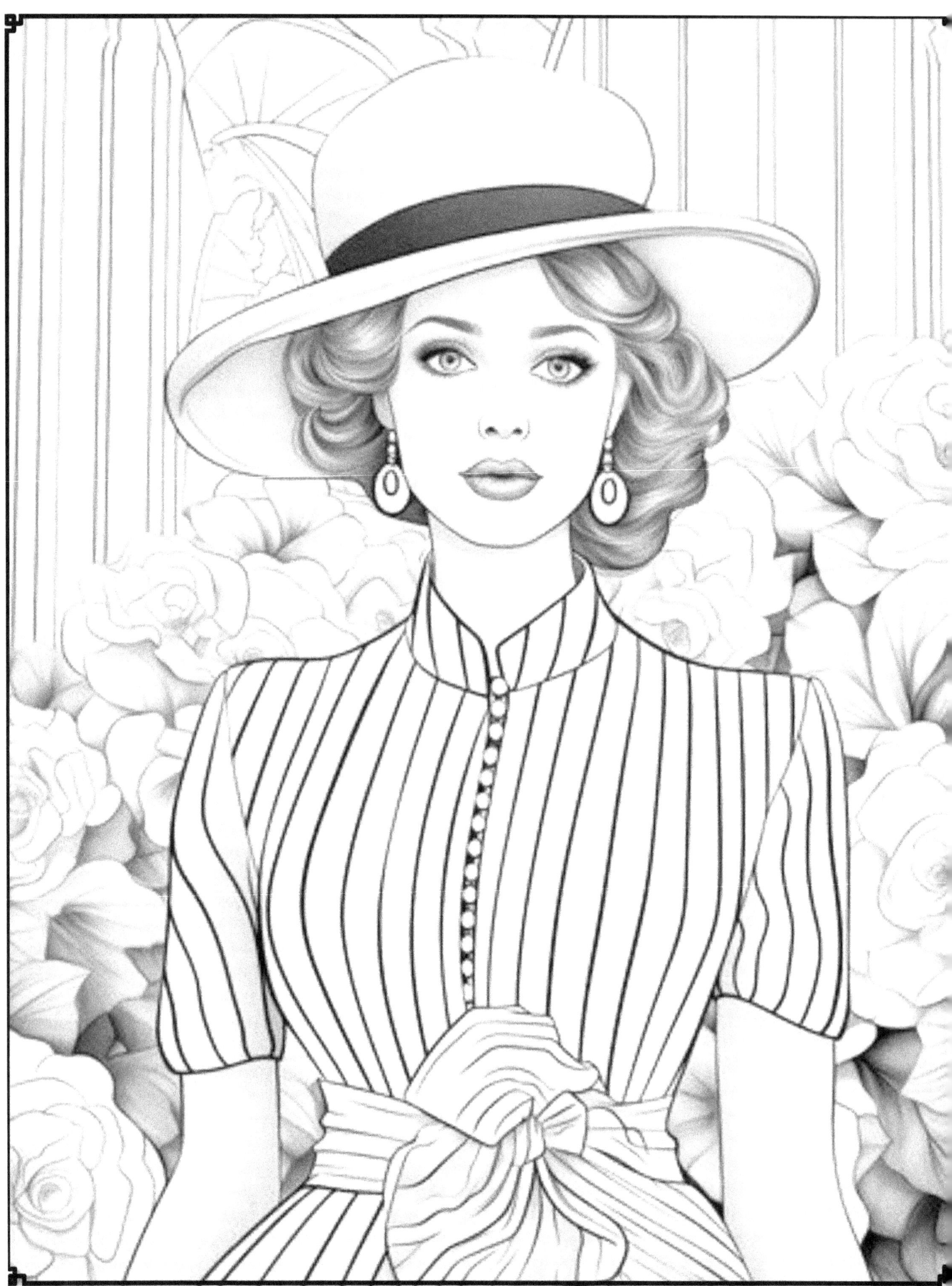

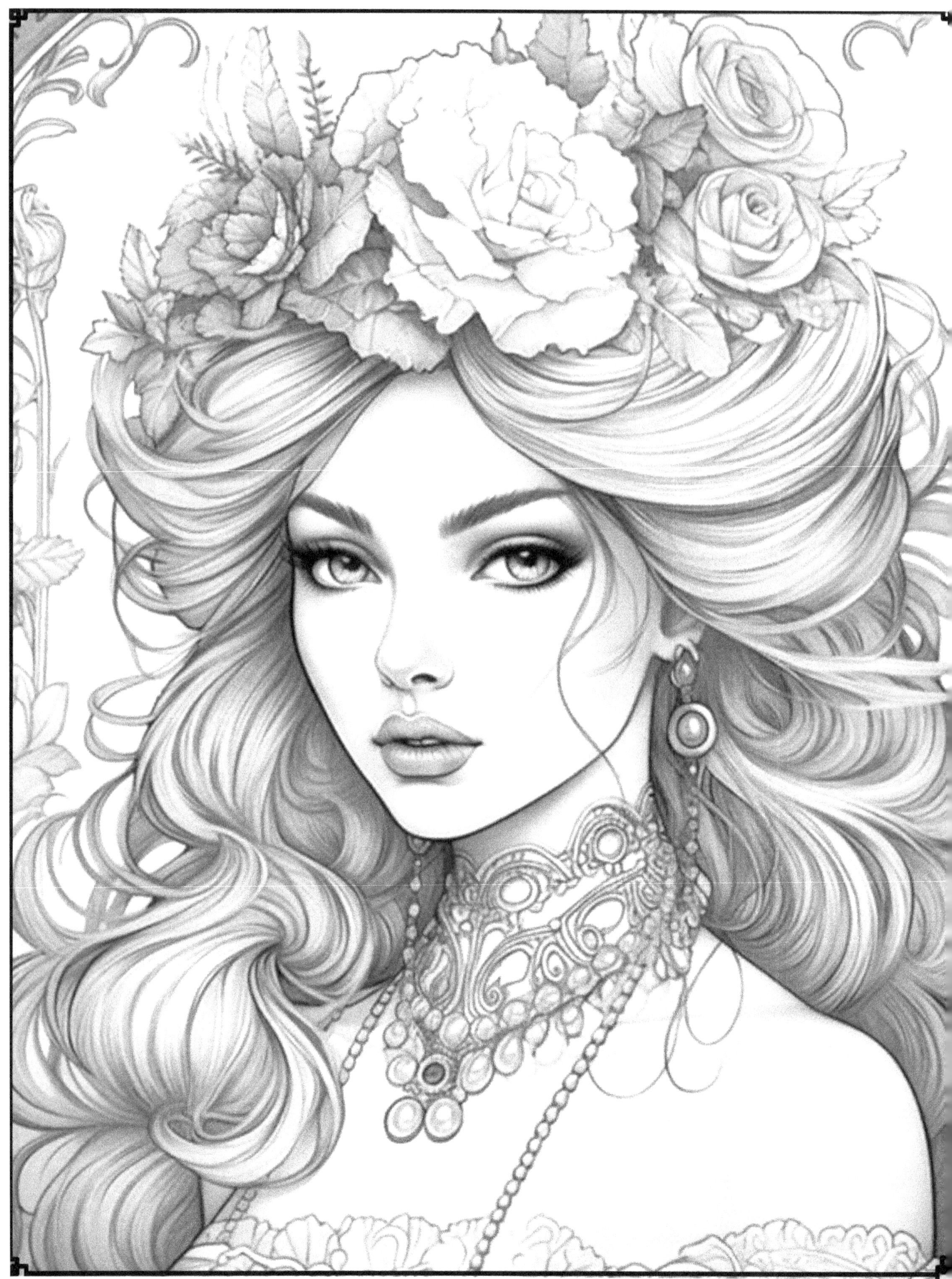

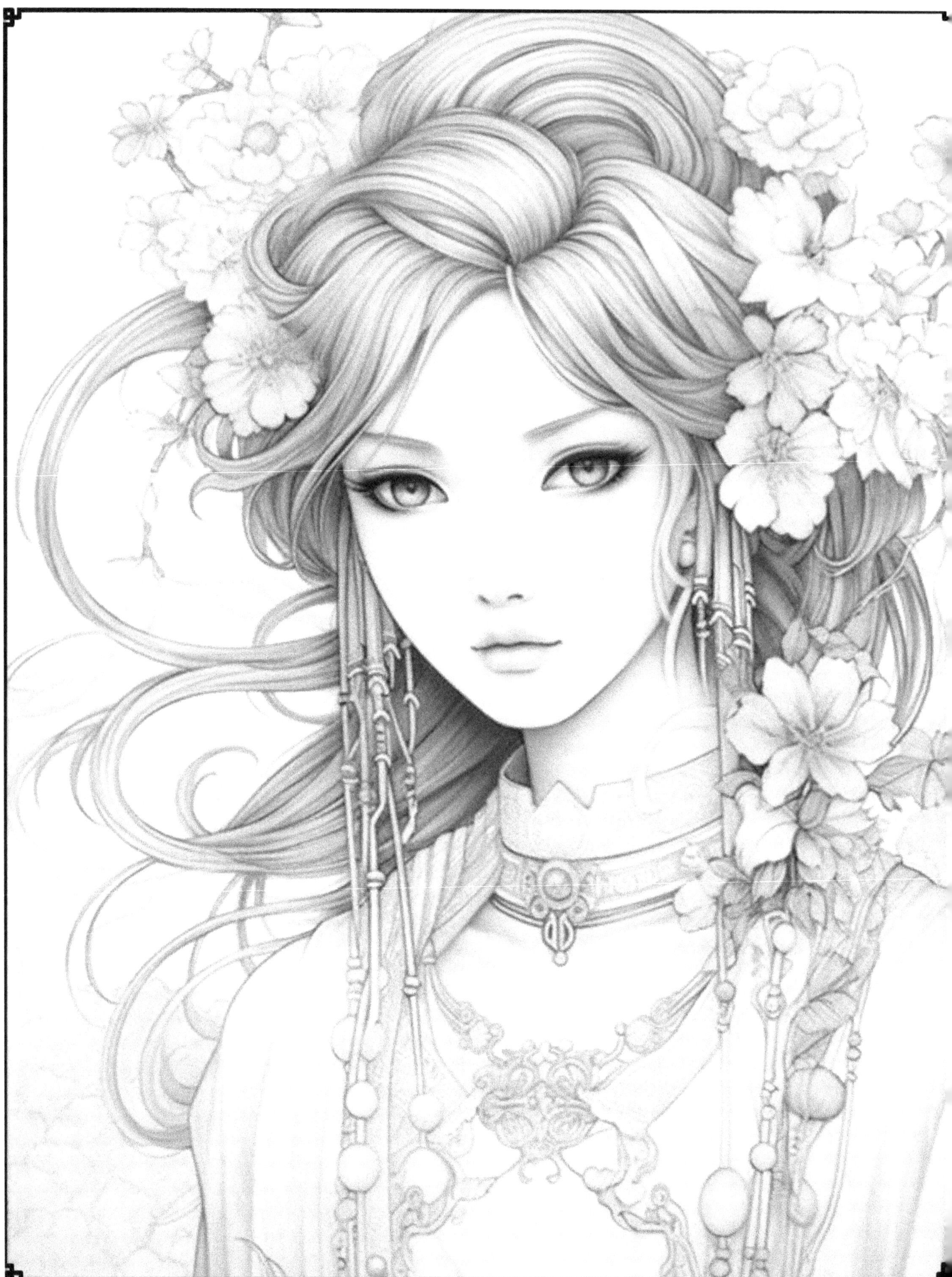

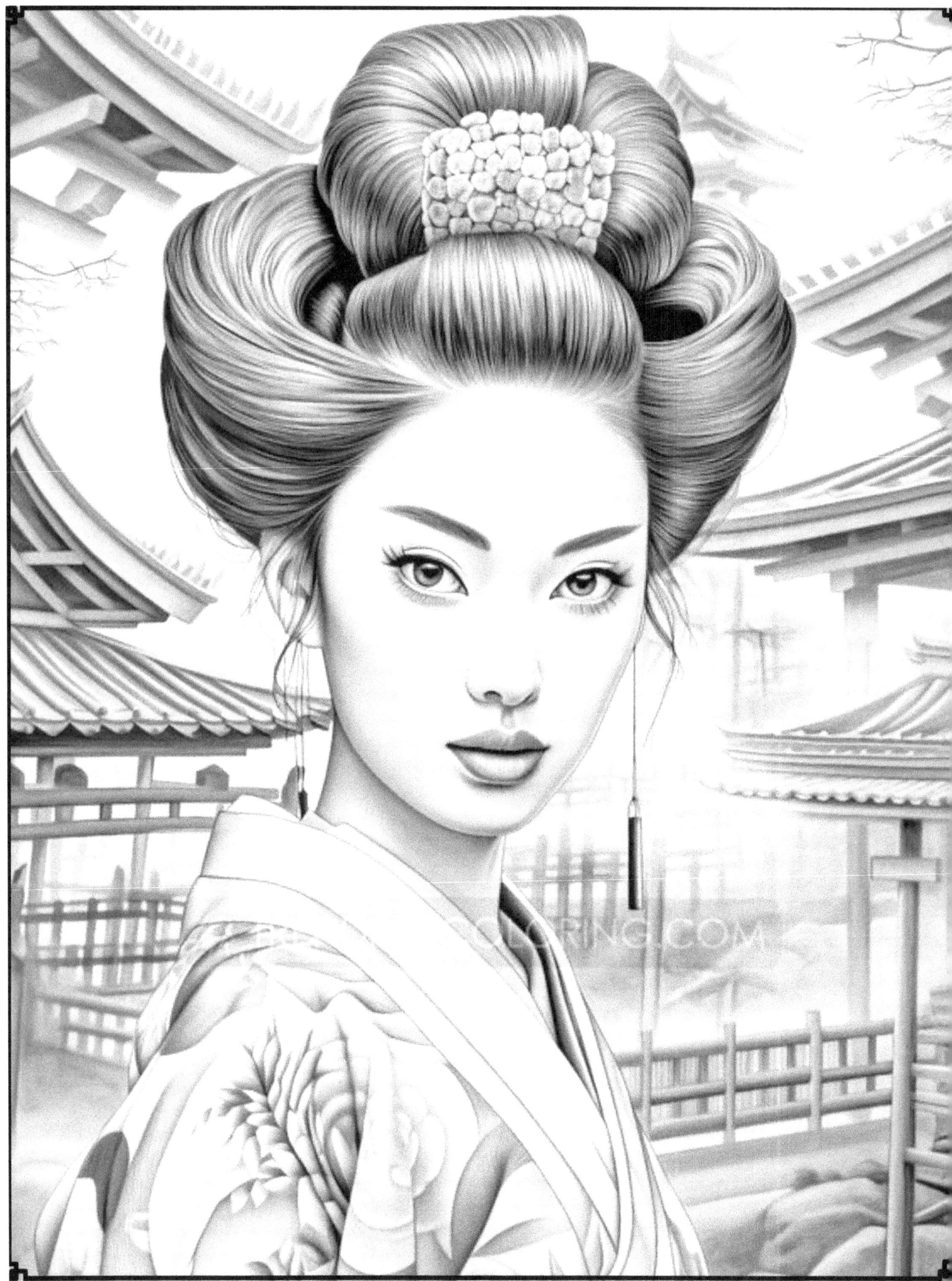

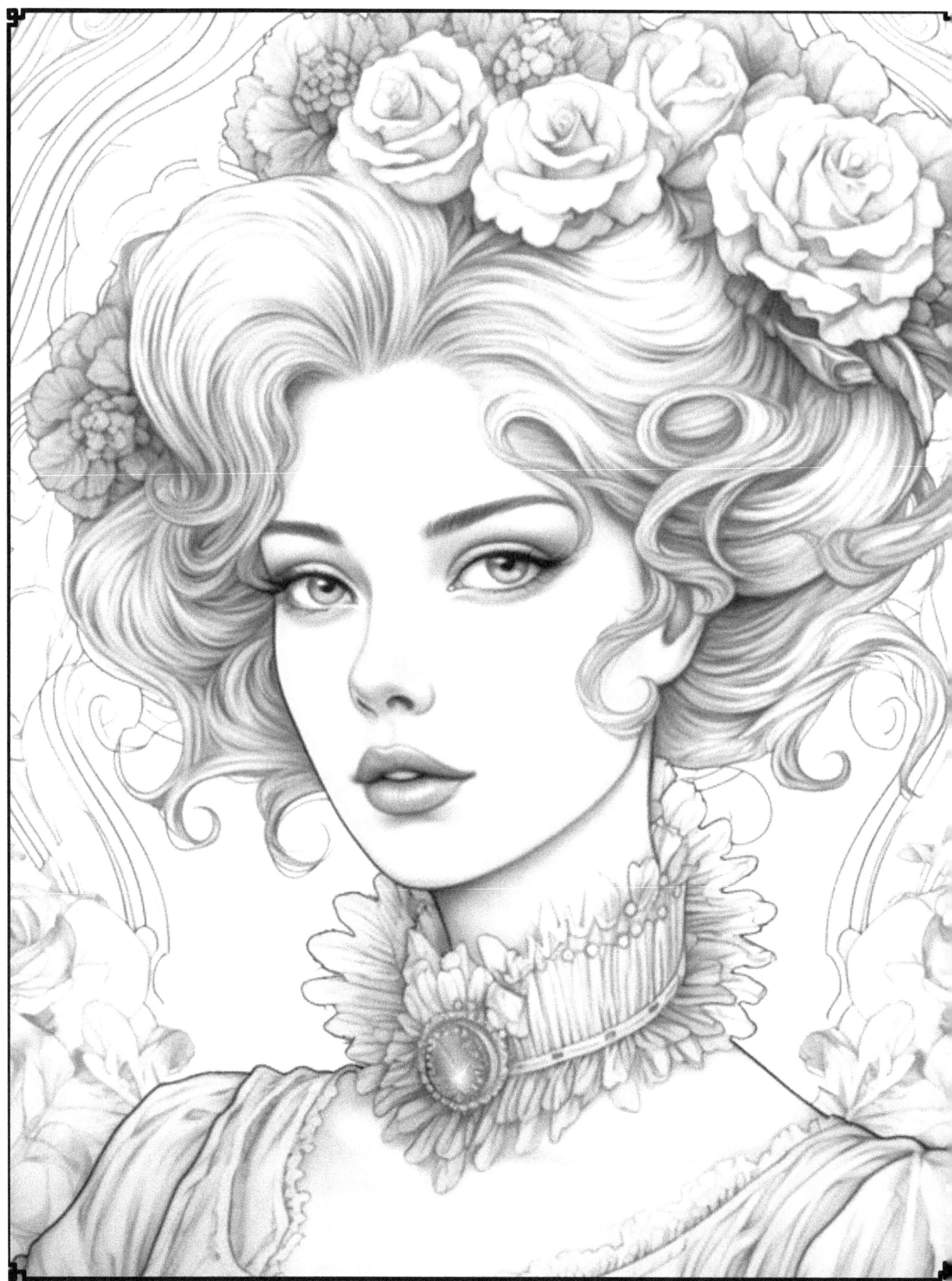

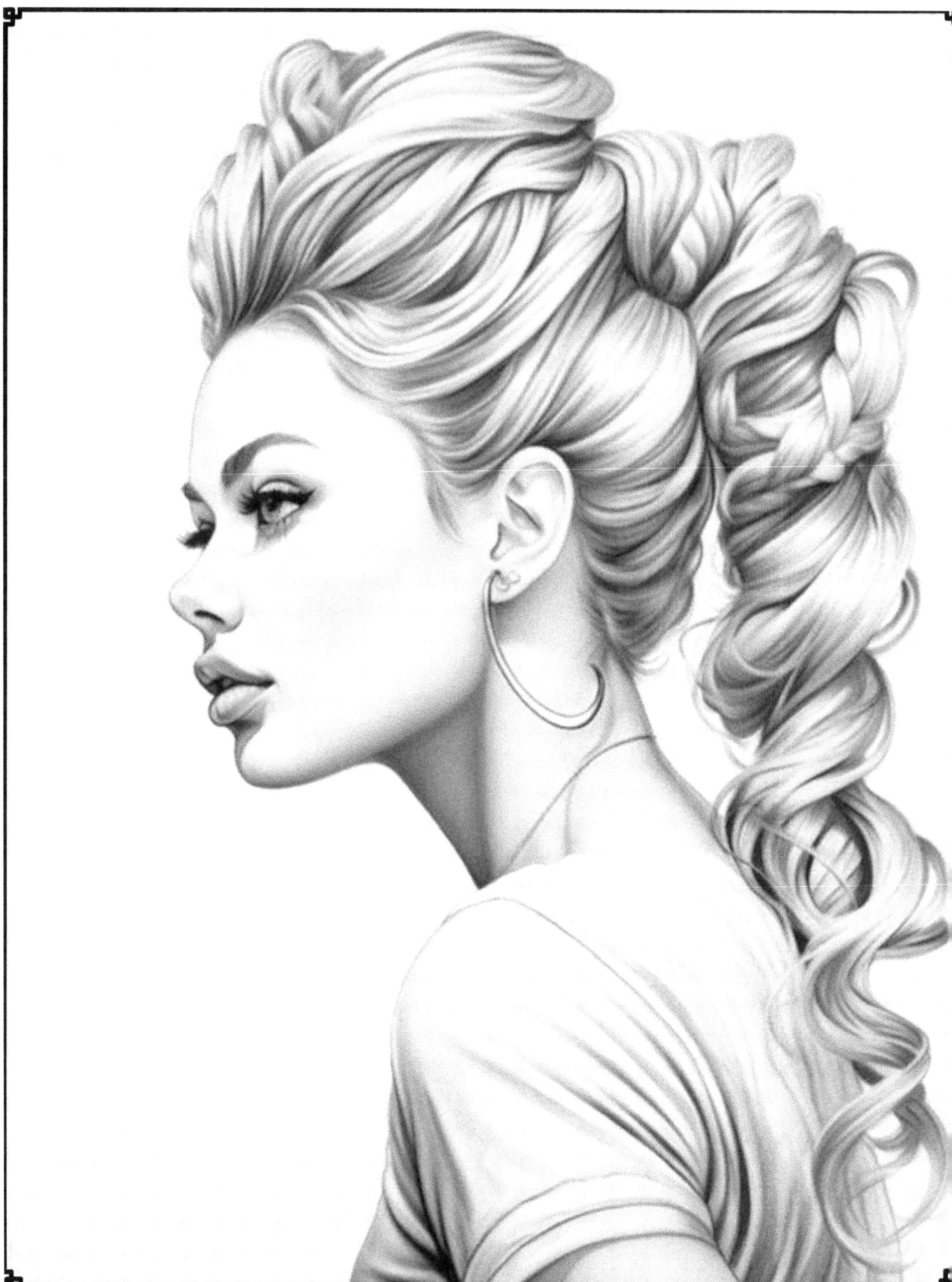

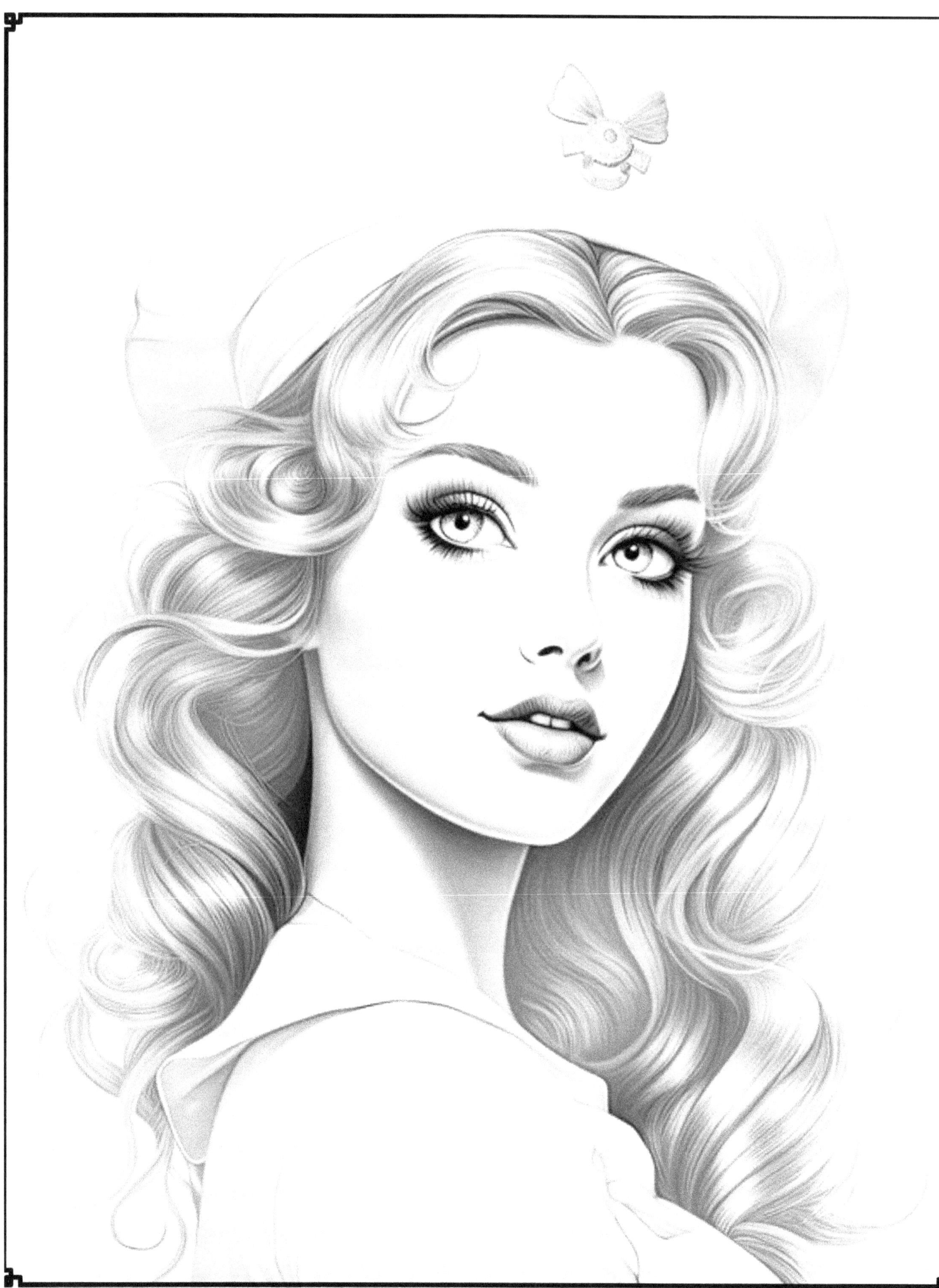

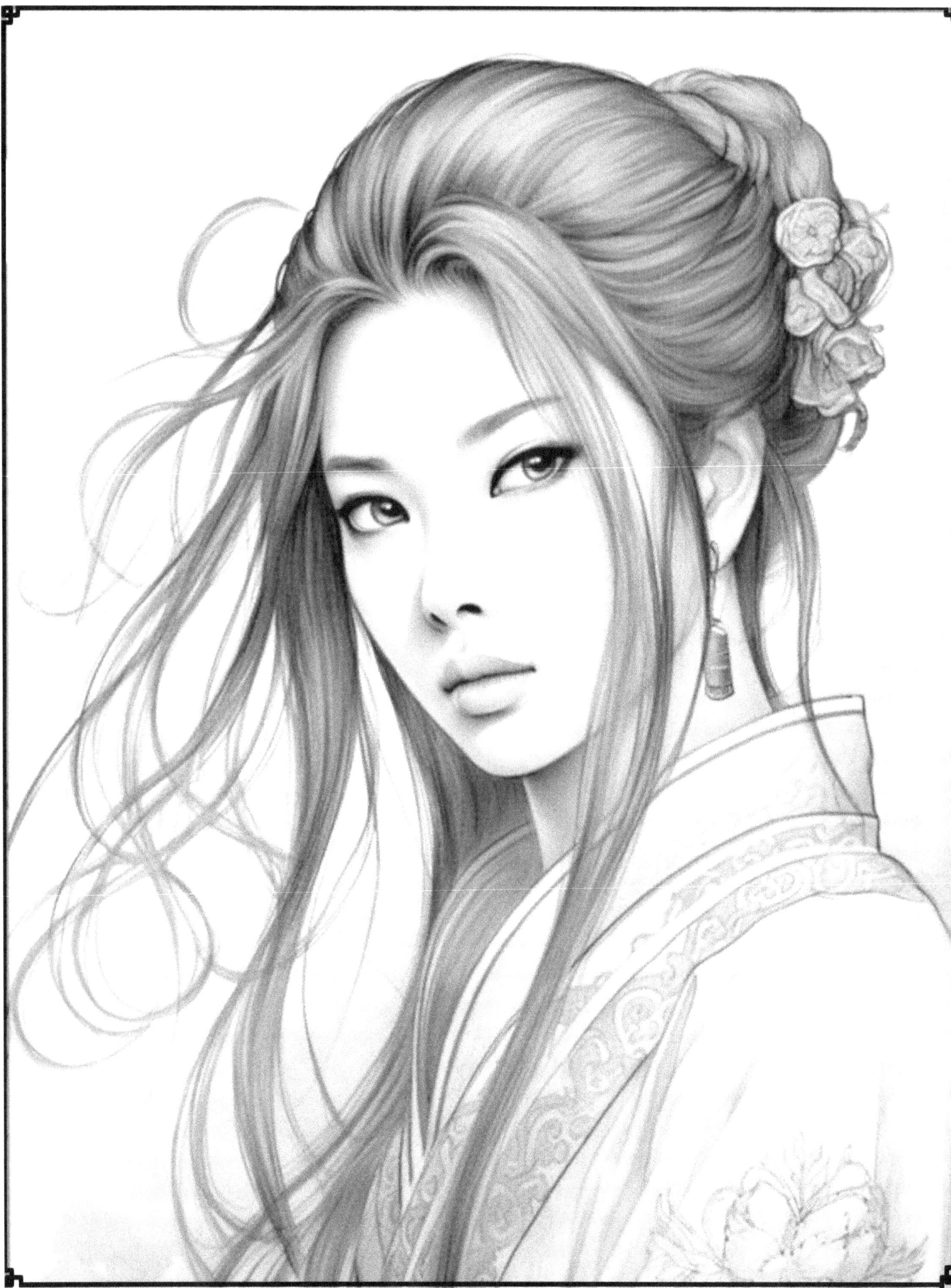

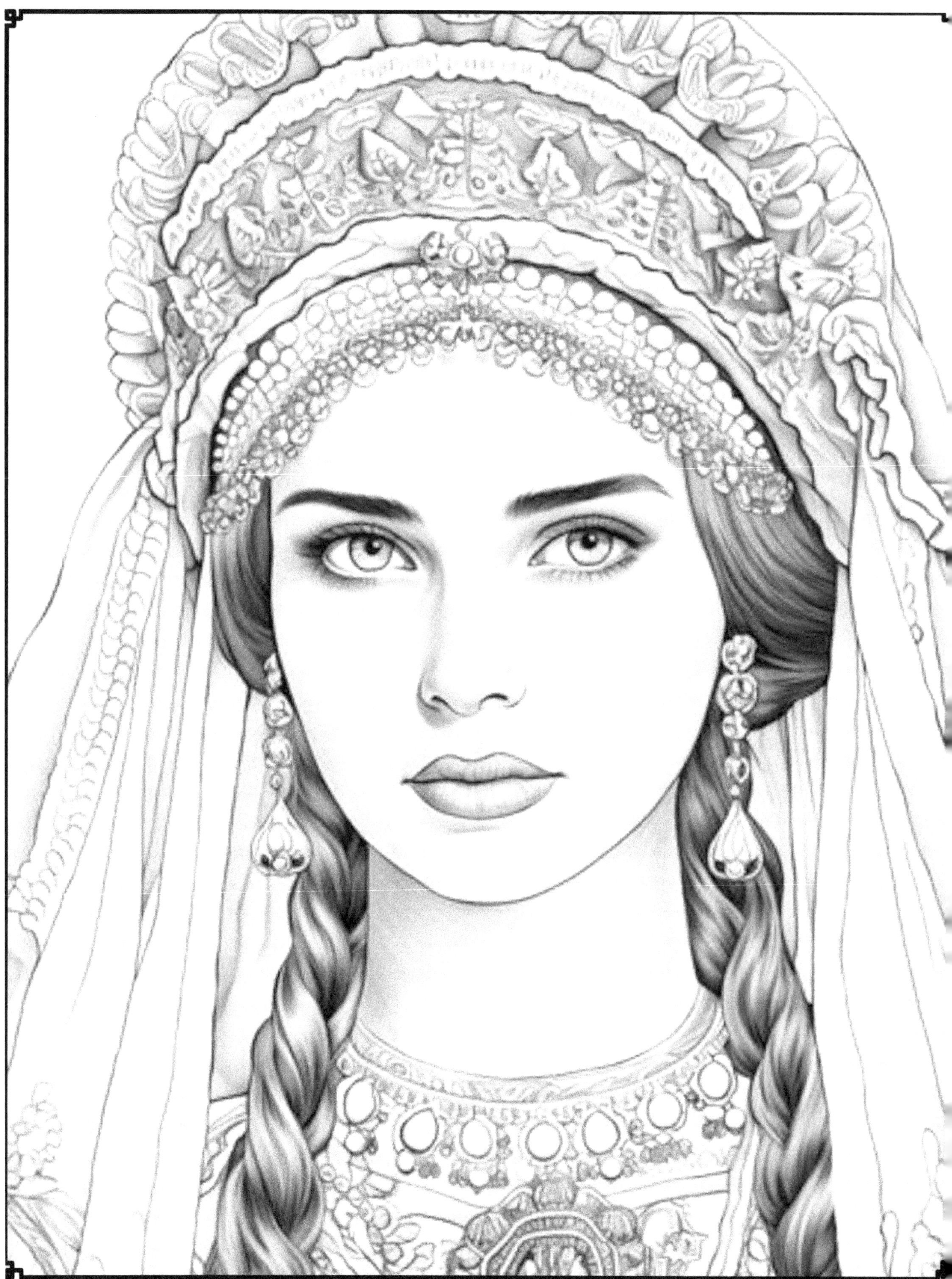

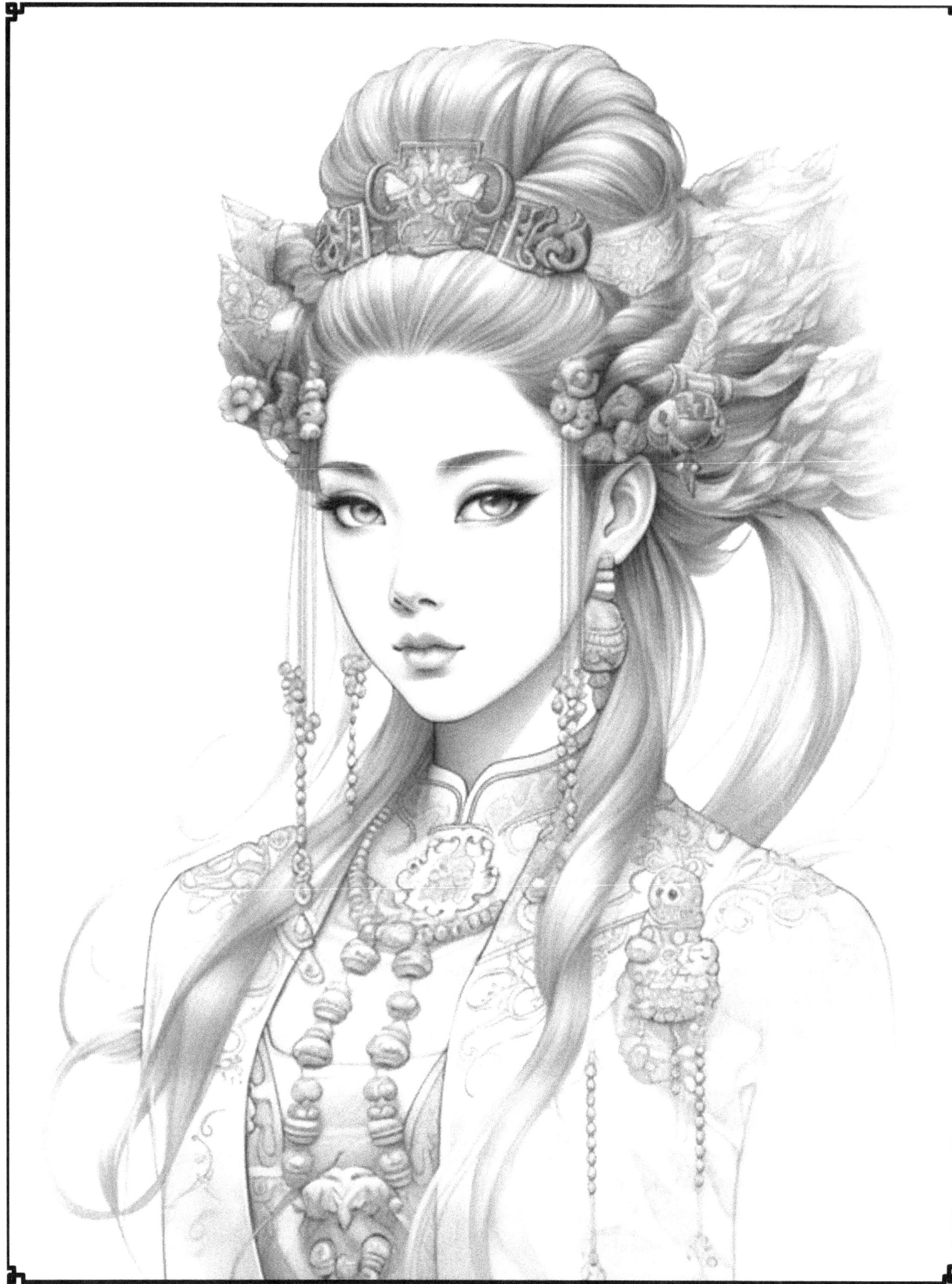

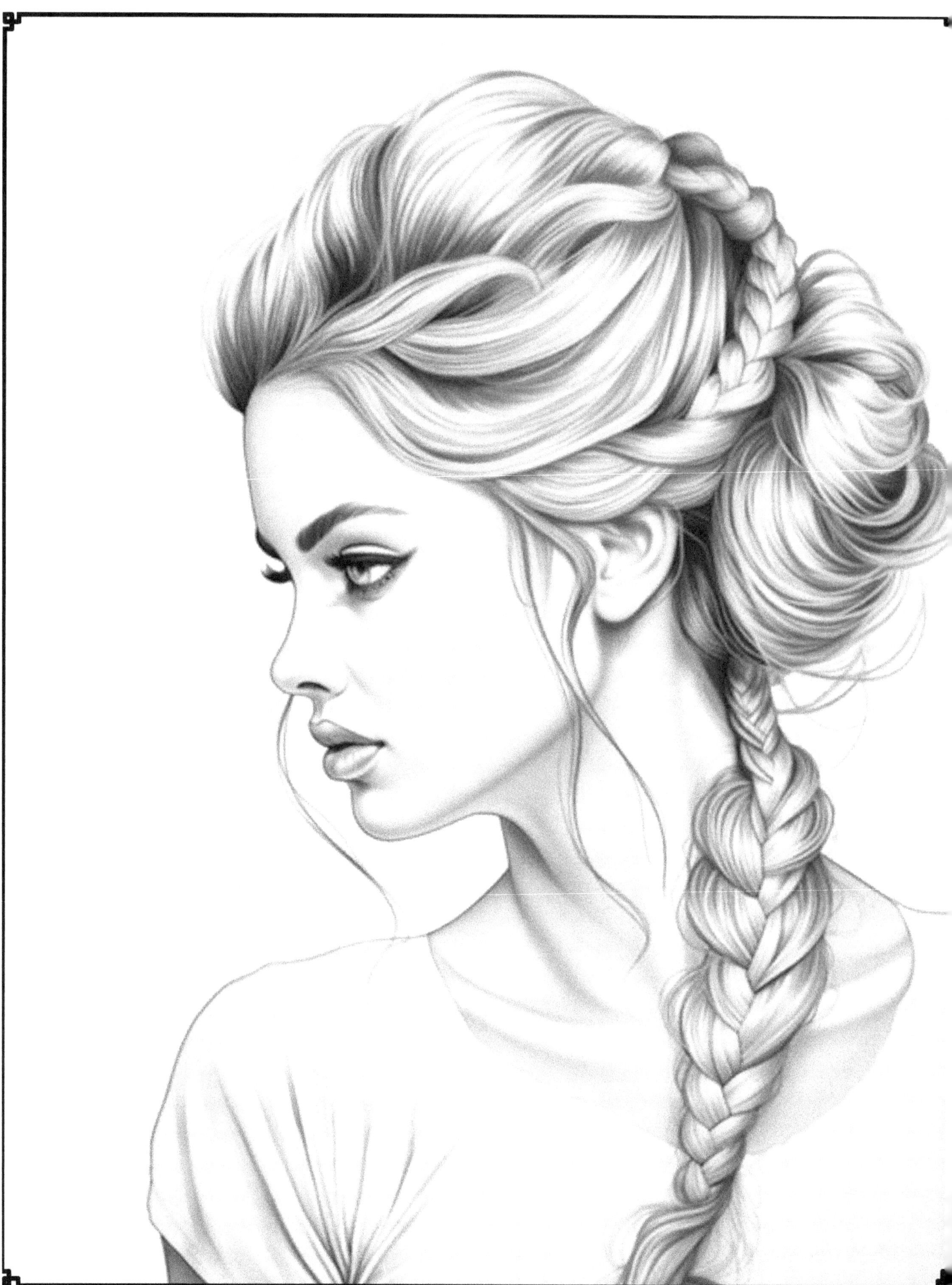

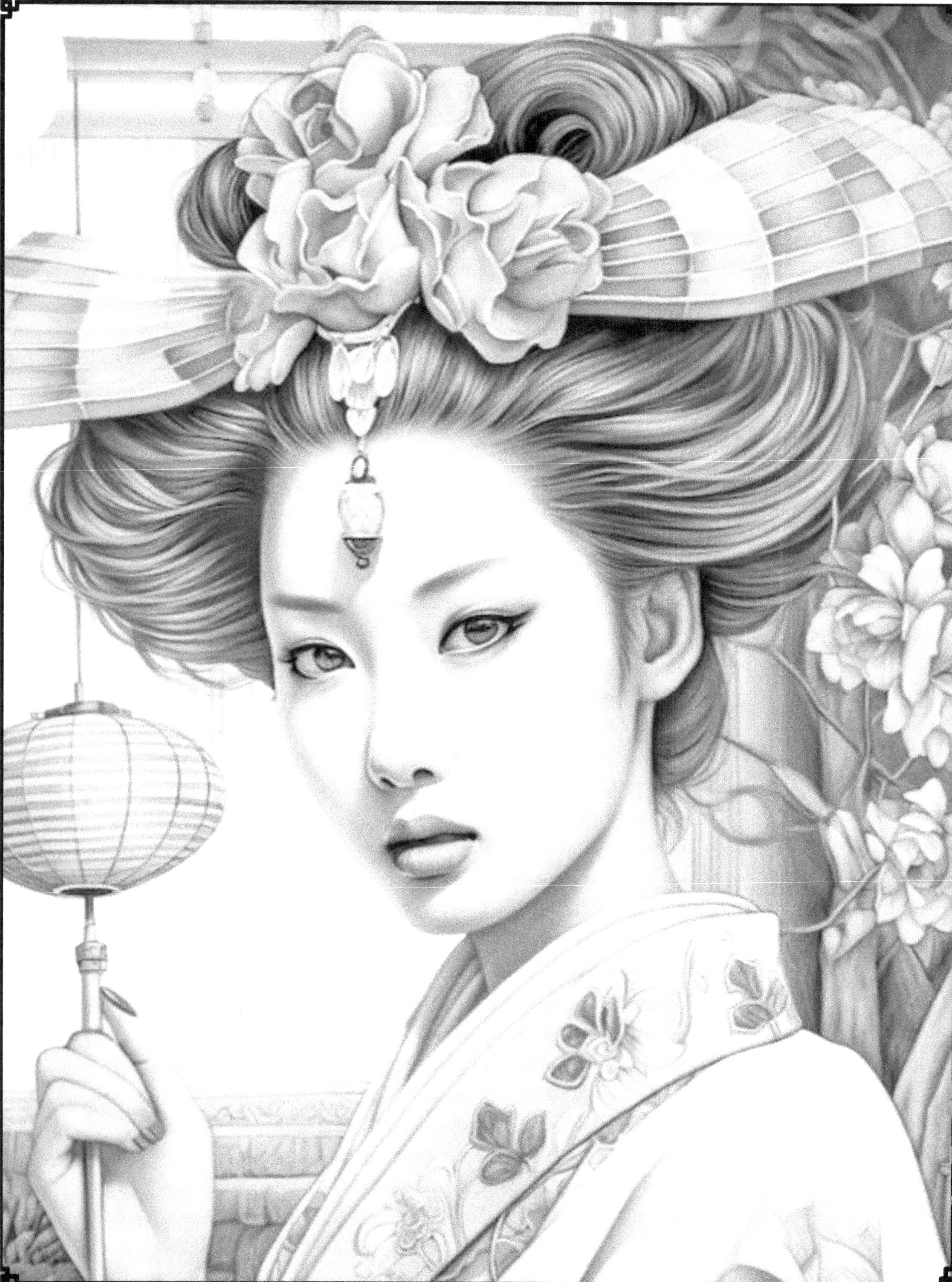

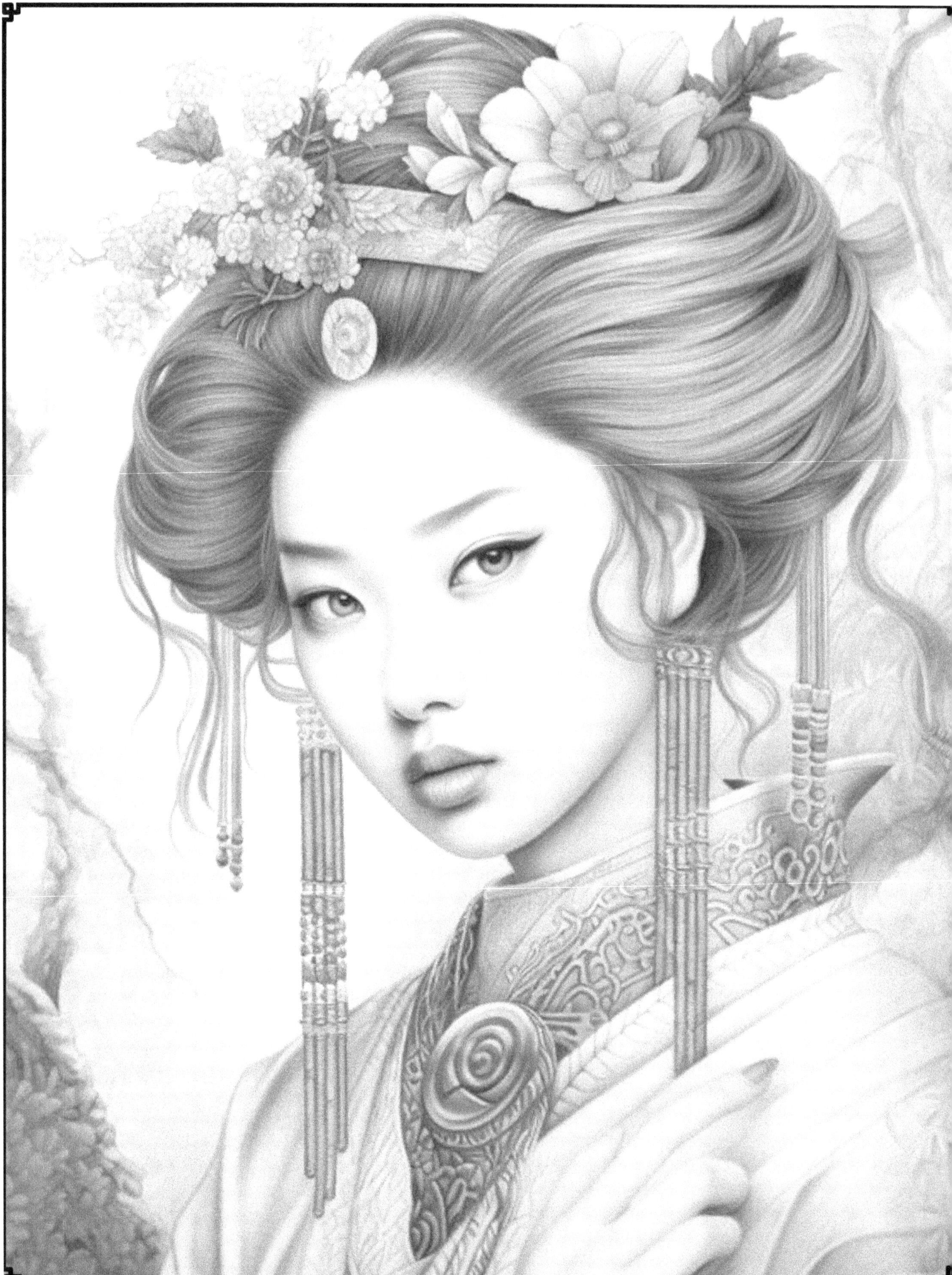

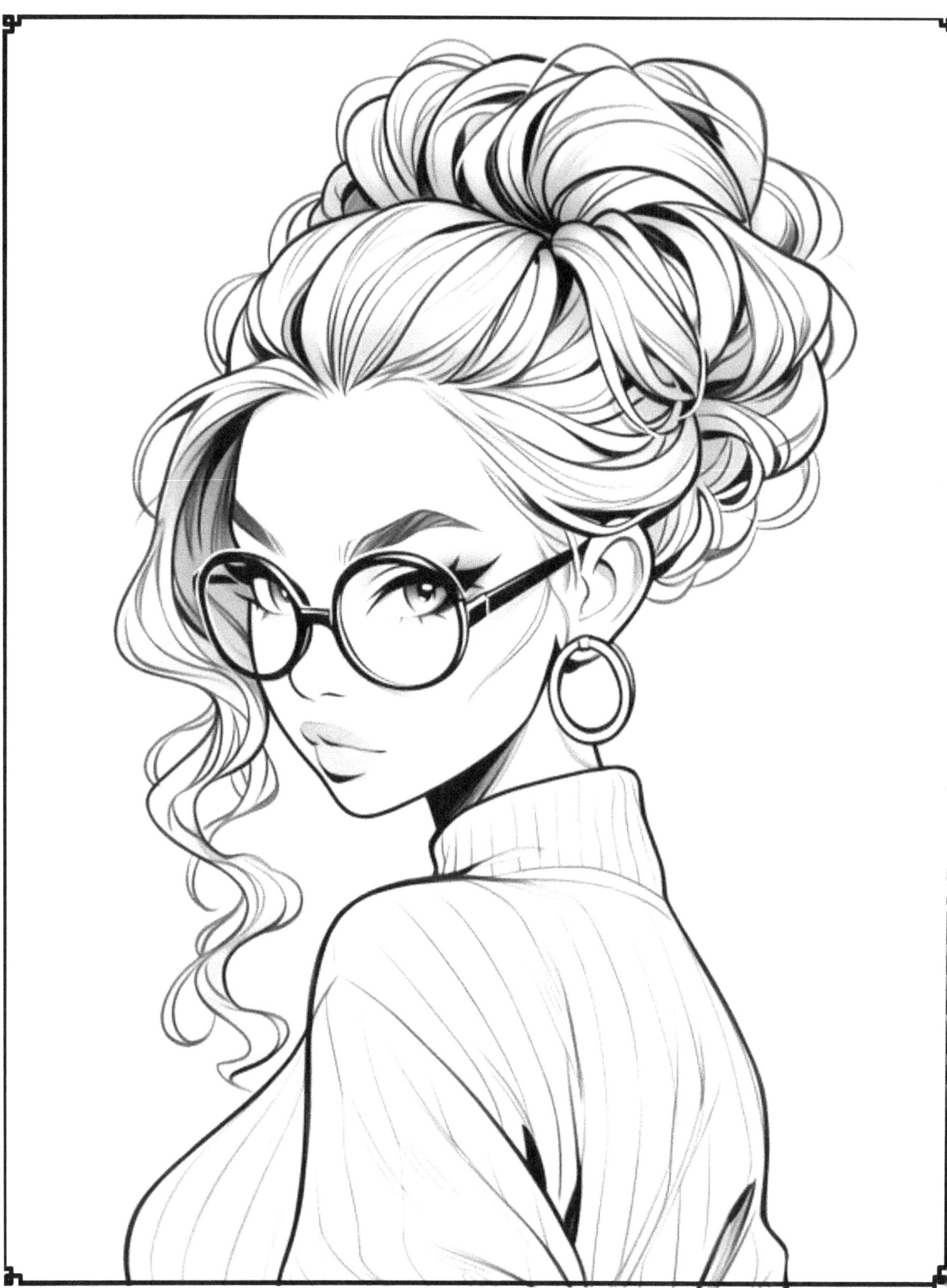

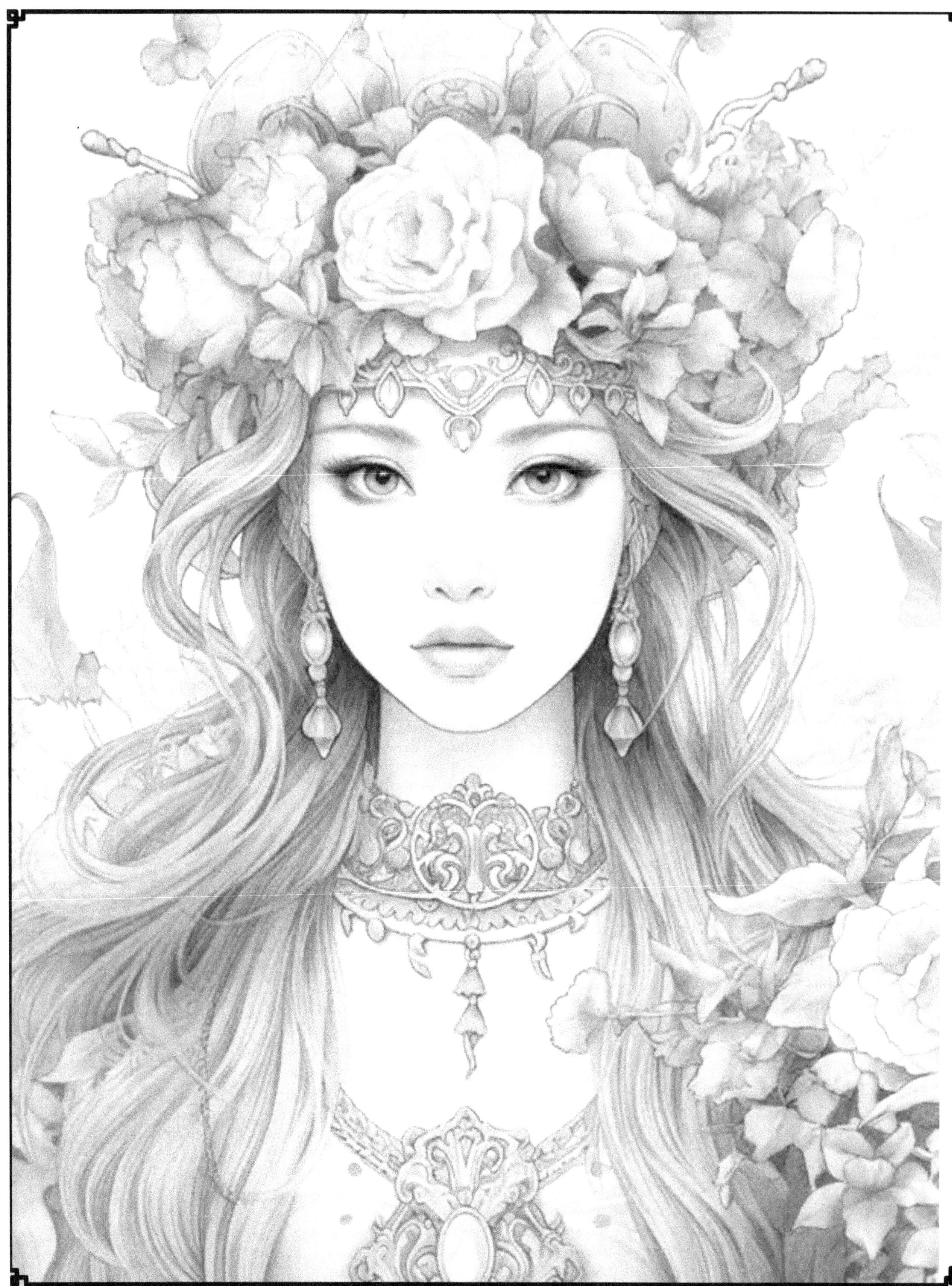